江戸川大学
現代社会学科 編

〔気づき〕の現代社会学 II

フィールドワークで世界を知る

梓出版社

はしがき

　本書は，江戸川大学社会学部現代社会学科の1年生向け科目「現代社会論」のテキストとして企画したものです．

　現代社会学科は，1995年開設の環境情報学科を前身に，環境デザイン学科，ライフデザイン学科と，その時代の社会問題を追いかけながら，拡大する研究領域にふさわしく名称変更してきました．そして2012年からは，現代社会そのものを学科名に掲げて今日に至っています．

　2012年の学科名変更に際し，現代社会学科では『〔気づき〕の現代社会学—フィールドは好奇心の協奏曲』を刊行しました．同書は幸いにも好評を博しておりますが，刊行後3年を経て，研究の進展と現代社会の激動に対応すべく，またスタッフの一部交代もあり，内容を全面的に一新したテキストを刊行することにしました．編集の基本方針は前著を引き継ぎましたので，題名は『〔気づき〕の現代社会学2』としましたが，内容はまったく新しい，別の書物に仕上がっています．特に，学科のキーワード「フィールドワークで世界を知る」をサブタイトルに掲げたことからも明らかなように，執筆者が各自のフィールドワークを切り口に現代社会を論じています．

　今回は新しい試みとして，第1章「フィールドワークのすすめ」で，社会科学の諸分野に共通したフィールドワークの方法を紹介しました．事前準備から実践を経て，フィールドワーク後のまとめまで，一連の流れを具体的に述べているので，さまざまなフィールドですぐに使える手引きになっています．

　次に第2章「卒業論文の書き方」では，4年生の必修科目・卒業

論文をどうすれば書けるのか,「必勝法」を紹介しています.文科系の大学生には必読の内容です.

第3章から第12章では,現代社会学科の専任教員が,それぞれの専門領域からの「現代社会論」を,国内外でのフィールドワークに基づいて具体的に展開しています.新しい観光地づくり,コミュニティの再構築,祭礼や歴史を活かしたまちづくり,地球温暖化防止,国立公園のインタープリテーション,文化財保護など,多彩なテーマが登場します.ここでは日本や世界各地での教員の研究活動だけでなく,フィールドからどのように研究成果を導き出すかを知ることができます.

また,本書では各章末に「訪ねてほしいフィールド」と「ブックガイド」を掲載しました.専門分野をさらに深く学んでみたい方は,こうしたフィールドや書物を通じて,探究の歩みを進めることが可能になっています.

江戸川大学現代社会学科は,社会学の方法論をベースに,現代社会の諸問題を多角的にとらえるため,文化人類学,民俗学,観光学,環境学,文化遺産学など,さまざまな方法論を柔軟に取り入れています.授業のカリキュラムは「文化人類学・民俗学」「観光学・地域再生」「保護地域・環境学」「博物館・文化遺産」の4コースに整理されており,各分野について体系的で十分な学びが可能です.

本書は,こうした学科での学びの道標になると同時に,現代社会の抱える諸問題の解決の糸口になることを期待して出版しました.前著ともどもご一読いただければ幸いです.

最後になりましたが,前著に引き続いて出版の労をお取り下さった,梓出版社の本谷貴志氏に,厚く御礼申し上げます.

現代社会学科長　阿南　透

目　　次

はしがき

第 1 章　フィールドワークのすすめ……………………………………… 3
　1.　フィールドへ出かけよう　4
　2.　事前の準備　4
　3.　フィールドワークの実践　13
　4.　フィールドワーク後に行いたいこと――成果のまとめ　22
　5.　フィールドワークのすすめ　23

第 2 章　卒業論文の書き方……………………………………………… 25
　1.　なぜ卒業論文を書かなければならないか　26
　2.　論文のテーマを決める　27
　3.　早く論文を書き始める　28
　4.　形式を覚える　29
　5.　引用の仕方を覚える　31
　6.　読みやすい文章を書く　34
　7.　おわりに　35

第 3 章　文化人類学で，グローバル化社会をしなやかに，
　　　　したたかに生きよう………………………………………… 37
　1.　「グローバル化」，「国際化」は華やか！？　オシャレ！？　38

2. グローバル化って何？　39

3. 人口減少と外国人労働者受け入れ　39

4. 移民受け入れは潮流　41

5. 世界の多くの国は多民族国家　42

6. 多文化社会は大変　43

7. カオスの街で失神――インド　43

8. グローバル化対応人材の課題　45

9. 文化人類学で人間探検　45

10. 人が人を理解するには　46

11. 犬を食べる！――ベトナム　47

12. 皿をゆすがない！――ニュージーランド　47

13. 扉のないトイレが恥ずかしくない！――中国　48

14. 裸の女性にドキッ！――ヤップ島　49

15. 葬式はパチンコ屋の開店セール！？――香港　50

16. 上手に生きよう　52

17. 絶対的ゲテモノなんて存在しない　53

18. キウィの目には，美しくない国日本　54

19. 日本の葬式こそ変　55

20. ヤップ人から見たら日本人も裸族　56

21. ヤップ人は異性の前で食べるのは恥ずかしい　56

22. 文化人類学でしなやかに，したたかにサバイバル　57

訪ねてほしいフィールド　60

Book Guide　63

第4章　祭礼都市・青森　65

1. はじめに　66

2. 市をあげての祭り　67

3. ねぶた団地　69

　　4. 常設展示場　73

　　5. コンパクトシティの核　77

　　6. ねぶたの街, 青森　79

　訪ねてほしいフィールド　85

　Book Guide　88

第5章　日本の再構築………………………………………………… 89
　　　　——コミュニティから日本を元気にする

　　1. はじめに　90

　　2. 広島県呉市「おいもを愛する会」の谷脇けい子さん　91

　　3. 広島県尾道市 NPO 法人「尾道空き家再生プロジェクト」
　　　 の豊田雅子さん　100

　　4. 長野県小布施町の市村次夫さんと市村良三さん　109

　　5. ローカルデザインはコミュニティの元気から生み出される　116

　訪ねてほしいフィールド　119

　Book Guide　122

第6章　住宅地が観光地になるとき……………………………… 125
　　　　——レジャー論から着地型観光のかたちを探る

　　1. はじめに　126

　　2. レジャーとは何か　126

　　3. 遊びとは何か　129

　　4. レジャー産業から見た現代社会のしくみ　131

　　5. 消費のしくみから遊びについて考える　132

　　6. 住宅地は観光のフィールドになるか　135

　　7. 流山は観光地になるか　137

8. 問題は簡単には解決できない　138

訪ねてほしいフィールド　142

Book Guide　145

第7章　世界で唯一100年続く本屋の商店街 …………………… 147

1. はじめに　148
2. 神田書店街の出発点　150
3. 経済活動としての古本屋　151
4. 神保町古書店街の「地域力」の社会学的分析　152
5. 神田神保町古書店街の幾世紀を超えた文化的意味　162

訪ねてほしいフィールド　168

Book Guide　170

第8章　職業としてのインタープリテーション …………………… 173
　　　　──国立公園におけるインタープリターの資質と条件

1. はじめに　174
2. インタープリターとは　175
3. インタープリテーションの歴史　177
4. アメリカの国立公園とインタープリテーション　181
5. おわりに　191

訪ねてほしいフィールド　194

Book Guide　196

第9章　地球温暖化防止への市民の力 ……………………………… 197
　　　　──市民は本当に省エネをしているか

1. はじめに　198

2. 検証手法の開発と適用　200
3. 実質電気消費量の推算　205
4. 実質電気消費削減の推算　212
5. 調査・研究の終了に際して　216

訪ねてほしいフィールド　221

Book Guide　224

第10章　CEPAツールキットと対話型講義 …………………… 225

1. 「環境倫理」と「環境教育」の授業の目的　226
2. 「CEPAツールキット」における確実なコミュニケーションのための留意事項　227
3. 多様なやり方を組み込んだ授業の構成　231
4. 「環境と倫理」における実践例――対話型講義　238
5. おわりに　240

訪ねてほしいフィールド　244

Book Guide　246

第11章　歴史を活かしたまちづくり ……………………… 249

1. 都市の歴史とまちづくり　250
2. 戦後の建築物保存の展開　254
3. 建築物保存にみる都市の歴史性　264
4. 建築物保存と都市の歴史性をめぐる現代的課題　269
5. 今後の展望　身近な歴史的環境を育もう　280

訪ねてほしいフィールド　284

Book Guide　288

第12章 「記紀」から考える文化財 …………………………… 291

1. 文化財とは　292
2. 宝物の概念　293
3. 技術について　296
4. 技術と神　298
5. 文化財からわかること　300
6. 文化財を調べる　302
7. 文化財と記録　303
8. 記録の実際　305
9. まとめ　307

訪ねてほしいフィールド　311

Book Guide　314

〔気づき〕の現代社会学 II
フィールドワークで世界を知る

第1章

フィールドワークのすすめ

清野　隆

写真1　石巻市街地でのフィールドワークの様子

1. フィールドへ出かけよう

百聞は一見に如かず.

フィールドワークの意義はこの言葉に集約されます.大学の講義を聴き,テキストを読むことは,とても刺激的なことです.しかし,ものごとへの理解を深め,その本質を知るためには,実際に様々な現象が発生する地域へ足を運ぶことが必要不可欠です.フィールドワークを実践して,現代社会で生じている様々な出来事に直接触れてその本質を探究し,現代社会を洞察する力を磨きましょう.

ここでは,フィールドワークを行う上で知っておきたい基本を紹介していきます.フィールドワークを効率的,効果的に実施するために参考にしてください.

2. 事前の準備

2.1 下調べ

フィールドワークを実施する際,最初に行いたいことは下調べです.事前に地域の情報を入手することはフィールドワークを効率的に実施する結果につながります.また,フィールドワークを実施する動機は何であれ,地域のことを事前に知っているかどうかにより,フィールドワークでの情報収集の成果は大きく変わります.では,フィールドワークを効率的,効果的に実施するためには,事前にどのような下調べが必要でしょうか.

まず,訪ねたい地域に関する文献を探しましょう.大学の図書館,身近な公立図書館で蔵書検索を行い,対象地域について紹介されている文献を探します.蔵書検索はインターネット上でも可能です.

第1章　フィールドワークのすすめ　5

写真2　地域を理解するために役立つ市史など

蔵書検索では,「地域名」,対象地域の特徴的な「テーマ」を入力し,閲覧できるものは目を通しておくとよいでしょう.地域について紹介する代表的な文献は,都道府県史,市史,町史などです(写真2).各地の古代から現代までの歴史を網羅し,各種テーマで地域の情報が記載されています.特に,卒業研究など論文を執筆する際には非常に役に立つ文献です.ただし,辞書のようなボリュームで,数冊に渡って編纂されているものもあり,下調べですべてに目を通すのは難しいといえます.フィールドワークの目的に応じて,部分的に読むとよいでしょう.手軽に読めるものとしては,観光用のガイドブックなどもあります.地域のアウトライン,ハイライトがわかりやすく紹介されています.ただし,地域の情報を網羅していませんし,掲載されている情報量は少なく,商業的な情報に偏っている点

に注意しながら読む必要があります．いくつかの注意を要しますが，インターネットでの情報収集も有益です．情報が溢れている現代では，全国各地のあらゆる地域について詳細な情報を入手することができます．自治体のウェブサイト，自治体ごとに設置されている観光関連組織のウェブサイトがあります．後者は前述の観光用のガイドブックと同様に役立ちます．自治体のウェブサイト内に設置されている場合もあります．

　このような下調べを行い，既に明らかにされた事実を確認することは極めて有効なことです．事前に見るべき対象について詳しい情報を得ておくことで，フィールドワークの効率は高まります．また，フィールドワーク時に，下調べを踏まえた観察や聞き取りを実施することも可能になります．地域において見るべき場所や現象が既に一般社会によく知られたことならば，なおさら事前の調査を実施することが大切になります．一般によく知られた現象や事実は研究対象になりにくいのですが，研究する余地がないわけではありません．むしろ，よく知られている現象であるからこそ，現代社会に特有の問題が潜んでおり，調査研究する価値があります．特に卒業研究のフィールドワークの際，既に研究された成果を把握することは，研究の新たな視点を確保するために必要な作業でもあります．

　また，対象地域の地図を確認することも大切な下調べの一つです．フィールドワークの行程を事前に検討するためには，地図は欠かせません．さらに，地域への理解を深める上でも地図（写真3）は役立ちます．地図には，様々な種類が存在します．地図は，作成者，作成の目的により，縮尺や掲載されている情報が異なります．地域の地理的な特徴をよく説明している地図としては，まず地形図が挙げられます．地形図（25000分の1）には，河川，丘陵，平地などの土地の基本的な地形，土地の利用状況，主要な道路，鉄道の位置

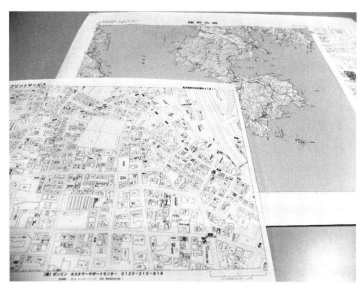

写真3　フィールドワークには欠かせない地図

や，市街地の位置と範囲が記載されています．ただし，縮尺が小さいため，全ての施設が網羅されていません．一方，市街地や集落などの人々が居住する地域では，住宅地図が発行されています．住宅地図は地形図よりも縮尺が大きく（1500分の1〜1000分の1），路地や生活道路，建物の概形，位置とその建物用途が記載されていますので，地域の様子をより詳細に理解することができます．これらの地図は，公的に発行されている紙媒体の地図です．フィールドワークを実施している最中にとても便利な道具になりますし，事前に地域の現状を把握する際にも役立ちます．

　また，その他の種類の地図の中にも，フィールドワークを充実させてくれるものが多数あります．例えば，自治体が発行する都市計画図があります．都市計画図には，用途地域，地域地区，都市計画

道路などが記載されています．現在の都市空間がいかなるルールによってつくりだされているのか．現行の計画によって都市空間はどのように変化しうるのか．都市計画図を参照しながらフィールドワークを行うことで，都市の現状と将来像をより詳しく理解することができます．また，観光マップ，散策マップ，まち歩きマップといった現地で入手できる地図を利用することもとても有効です．このような地図には，地域の人々が大切だと考える場所，来訪者に訪れてほしい場所，見てほしいものごとが記されています．それらの場所は，フィールドワークで一度は訪れるべき場所といえます．また，地域の人々が地図に記した場所と記さなかった場所が存在すること，両者にはどのような差異があるのかを考える材料を提供してくれます．

2.2 計画

このように下調べを行うことは，フィールドワークを成功させるために必要であるばかりでなく，フィールドワークそのものを計画するために必要な作業でもあります．下調べの次には，フィールドワークの計画を立てます．ここで計画を立てるとは，どのようなフィールドワークを実施するかを構想することと，フィールドワークを実施するスケジュールをつくることの2つを意味します．

まず大切なことは，フィールドワークを行う目的・目標を設定することです．なぜフィールドワークを行うのかを理解していなければ，その成果もまたあいまいになってしまいます．そして，その目的，目標を達成するためには何を行うべきかを考えましょう．後述するように，実際のフィールドワークは様々な形で実施されます．ある現象について，それが何者であるかを知る．その現象を，地域の人々がどのように捉えているのかを知る．前者の場合は，地域に

足を運び，その現象をつぶさに観察することが必要です．後者の場合では，地域の人々に話を伺うことが必要です．フィールドワークで何をどの程度明らかにするのか．そのためにはどのような方法が適しているのか．フィールドワークについて計画しましょう．

また，自ら設定した目標を達成しうるスケジュールをつくることも必要不可欠です．多くの場合，フィールドワークはただ一度だけ地域を訪れるものではありません．1 日単位でどの程度のことを実施し，達成することができるかをシミュレーションし，短期，中長期のスケジュールを考えましょう．そして同時に，フィールドワークは想定した通りに実施できるとは限らないことも知る必要があります．フィールドワーク実施の是非，目標達成の可否は，当日の天候にも左右されます．当然のことながら，当日の皆さん自身の体調もフィールドワークの成否に影響しますので，健康な状態でフィールドワークに臨むことも大切な準備の一つです．

2.3 心構え

その上で，地域への心遣いを忘れないように注意しましょう．いかにフィールドワークの目的・目標が壮大なものであっても，その対象となる地域に住まう人々にとって，皆さんは単なるよそ者に過ぎません．自分が何者であるのか．なぜフィールドワークを行っているのか．必要に応じて，地域の人たちに説明できるように準備しておきましょう．皆さんがフィールドワークを真剣に取り組んでいることが伝われば，現地の人々は快く皆さんを受け入れてくださったり，協力的に対応してくださることも少なくありません．時には当初予想していた以上の成果を得られることもあります．そういった結果は，周到な事前準備，綿密な計画，フィールドへの心遣いによって結果的に生まれるものです．一方，例え丁寧な説明を試みて

も，フィールドワークの趣旨が受け入れられない場合もあり得ます．そういった場合，執拗に自身の主張を繰り返さず，地域の人々の意見を尊重することが賢明な判断だと思います．

2.4 用意するもの

2.4.1 筆記用具

フィールドワークを行う際には，筆記用具と野帳を必ず持参しましょう．筆記用具は，フィールドワーク中にあなたが発見したことについて記録するために欠かすことができません．野帳は持ち運びやすさ，記入しやすさなどに応じてサイズや形を選びましょう（写真 4）．記録の仕方に応じて野帳を選ぶ方法もあります．付箋など，のり付きのメモ用紙もとても便利です（写真 5）．地図などに貼り付けて記録をとることができます．フィールドワークの経験を積み重ねて，自分のスタイルに合った野帳を見つけてください．

2.4.2 地図

フィールドワークを実施する際，地図もまた必要不可欠な道具です．フィールドワークの目的地に到達するため，フィールドワーク中に発見した場所と現象の地理を確認するために役立ちます．

一方，皆さんにとっても馴染みある Google Map などの電子地図もとても便利です．何より持ち運びに便利ですし，皆さん自身の現在地を正確に知ることもできます．ただ，フィールドワーク中に行うべき作業について考慮するならば，紙媒体の地図を持参するのが望ましいといえます．あなたが気になったこととその位置について地図上に自由に書き込むことができるからです．付箋や小型のシールを用意しておくと，効率的に地図上に記録できます（写真 5）．

第1章 フィールドワークのすすめ 11

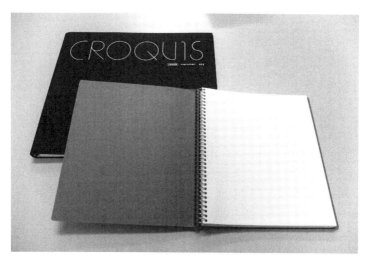

写真4 野帳

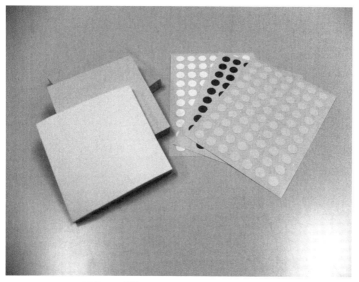

写真5 付箋やシールは記録に役立つ道具

2.4.3 デジタルカメラ

写真は，地域の様子をわかりやすく伝えてくれます．デジタルカメラもまた，フィールドワークに欠かせない道具といえます．記録媒体の容量が大きくなり，ほとんど無制限に写真を撮影することができるようになりました．気になった対象は可能な限り，記録しましょう．ただし，忘れてはいけないことは，撮影した写真をフィールドワーク後に整理する必要があるということです．そのためには，いつ，どこで撮影したものかを記録（記憶）しておく必要があります．また，大量の写真を撮影してみたものの，フィールドワークの印象が薄くなってしまっては，本末転倒のフィールドワークになりかねないので注意が必要です．

2.4.4 服装

フィールドワークでは，歩くことに最も多くの時間が費やされます．実施する時間にも拠りますが，一度のフィールドワークで10キロ程度の距離を歩くことも少なくありません．改めて言うまでもなく，フィールドワークには，歩きやすく，動きやすい服装が適しています．特に，靴は履きなれたスニーカーを履くことをお勧めします．長時間に亘り徒歩で移動すると，足に大きな負担がかかります．靴ずれをおこしたり，足をひねったりすると，フィールドワークを続けられません．また，フィールドワークが長時間に亘る場合，あるいは遠方でフィールドワークを実施する場合，服装にも十分に注意しなければなりません．気候と天候の変化に対応できるように，服装を選び，上着をカバンに用意しましょう．

2.4.5 その他

このほか，ICレコーダー，コンベックスなども便利な道具です．

ICレコーダーは，フィールドワーク中に聞き取り調査を実施する際に，とても有効です．聞き取り調査の内容を一字一句再現したい場合には，必要不可欠な道具になります．ただし，使用する際には，聞き取り調査の話し手の了解を得ることを忘れないようにしましょう．

　コンベックスは，もののサイズを計測する際に使用します．特に，建築物や構造物そのものの大きさやそのディテールの大きさを測ることができます．コンベックスを持っていなくても，あなた自身の身体の大きさを知っていると，ものの大きさを大まかに計測することができます．手のひらの幅や指を伸ばした時の長さ，腕の長さ，両腕を広げた時の長さ，歩くときの歩幅など，あなたの身体は定規になります．

3. フィールドワークの実践

　フィールドワークとは，端的に表現すれば，地域を歩く，地域を見る，地域で聞くことです．実際のフィールドワークは，その目的や目標に応じて，3つのいずれかを行うもの，3つ全てを行うものなどになり，その内容は事前準備の中で計画していきます．ここでは，フィールドワークを行う方法や実施する上での注意点について説明します．

3.1 歩く

　フィールドワークは，とにかく歩くことです．歩くことは単なる移動手段ではなく，調査そのものです．地域を歩くと，自転車や車で移動した場合とは比べ物にならないほど多くのものが目に留まり，心に引っ掛かります．つまり，皆さん自身の関心事が地域の中にあ

ふれていることに気が付くはずです．地図を片手に当初予定していた経路と目的地を隈なく歩きましょう．

まず大切なことは，計画通りにフィールドワークを進めることです．しかし，事前調査では発見できず予定されなかった場所に足を延ばす，地図には記されていなかった路地や小路を歩くことも同じくらい大切なことです．現地に訪れてみて初めて発見できること，興味が湧いてくることがあります．むしろ，フィールドワークの楽しさは，想定外の現象や現地でしか触れることができない情報や体験にあります．また，そういった体験や経験を期待してフィールドワークへの関心は高まっていくものでもあります．路地や小路をさすらったり，さまよいながら地域を歩くことは楽しいことです（写真6）．ただし，私有地に無断で立ち入らないように注意しましょう．

3.2 見る

フィールドワークとは，地域のある場所や現象を見学し，観察することです．見学や観察を通して，新たな発見が生まれます．まずフィールドワークの目的や目標に沿って，計画的に見学と観察を遂行しましょう．同時に，現地で得られた情報や現地で湧いてきた感覚や感性も大切にしましょう．フィールドワークを行うことによって，初めて獲得できる情報，視点もあるからです．事前調査はおろそかにしてはいけませんが，あくまでも補足的なものですし，それに縛られて柔軟さを失ってはいけません．刻一刻と地域の状況が変化する現代社会では，過去の情報を手掛かりにしつつ，新たな発見を追求する姿勢もとても大切だといえます．

ところで，地域を歩いて，何を見ようとするかは，人それぞれの関心によって変わり得ます．同時に，どのように見るかについても様々な方法が存在します．一つのテーマを設定して，テーマに沿っ

写真6　生活感が溢れて魅力的な路地（大阪市空堀）

た場所や現象を丁寧に見学し，観察する方法が一般的です．例えば，地域内の歴史的遺産を発見するフィールドワークであれば，地域を隈なく歩き，特定の範囲内にある歴史的遺産を全て調べ上げるでしょう．一方，歴史的遺産を地域の人々がどのように利用しているかを発見するフィールドワークであれば，いくつかの歴史的遺産を選定し，その歴史的遺産の1日の使われ方を観察するでしょう．この例に示されるように，フィールドワークにおける見ることとは，明確な意思と目的を設定することが必要といえます．

　また，当たり前のことですが，時間や季節によりフィールドの様子は変化します．例えば，商店街でフィールドワークを行う場合，人々の活動が停滞している午前中と買い物客でにぎわう夕方で，その商店街は全く異なる表情を見せます．観光地でのフィールドワー

写真7 秋の夜に開催されたイベントの様子（日田市豆田）

クならば，平日と休日によって様子は異なります．また，祭りなどの行事が開催される時期とそうでない時期がありますし，観光資源が季節的なものごとであれば，旬の時期があります（写真7）．当日の天候にも左右されます．このように見る対象である地域も変化する存在です．どのような内容の調査を行うかによって，いつフィールドワークを実施するかを検討することが必要ですし，目標が極めて具体的で明確な場合，時間的な制約がある場合を除けば，何度もフィールドワークを実施することが望ましいと思います．地域の様々な側面を見て歩くことがその地域をより深く理解することにつながります．

3.3 聞く

フィールドワークとは，地域の人々とコミュニケーションすることでもあります．地域を歩き，風景を見ながら，気になるものを発見した場合は，そのことについて地域の人々に話を聞くことが大切です．そこに，講義やテキストからは得られない生きた情報を手に入れる可能性があります．このような作業を聞き取り調査と呼びます．聞き取り調査の際には，既に紹介したように，フィールドワークの目的を丁寧に説明するように心がけましょう．

事前に聞き取り調査を計画する場合には，様々な情報を入手して質問リストを作成します．事前の調査を行うことで，効率的にフィールドワークを遂行できます．また，地域の人々に話を聞く場合，誰に話を聞くべきかを検討しましょう．調査すべき現象とその内容，その現象への人々の立場，皆さん自身の関心などに応じた適任者がいるはずです．地域に住む人，地域で仕事する人，地域を訪れる人，地域でまちづくりを行っている人など，現地で出会う人々の地域とのかかわり方は様々です．皆さんの関心事は，どの立場の人々や組織に聞き取り調査を行うのが適しているのか，事前に想定しておきましょう．そして，聞き取り調査でアポイントを取ることはとても大切な作業です．事前に約束をすることは，限られた時間で効率的に行動するために不可欠です．さらに，事前に質問したい内容を伝えることができれば，調査の効率を高めるだけでなく，調査成果の質を高めることも期待できます．下調べで地域のことを詳細に把握していれば，聞き取り調査で詳しく，具体的な情報を得ることができるからです．

3.4 記録する

フィールドワークを実施して気になったものごとを発見したら，

その情報をもれなく記録しましょう．記録の仕方は様々ありますが，何よりも大切なことはフィールドワークの目的を達成するように記録を取ることです．自ら設定する獲得目標を達成しなければなりません．最低限，フィールドワークを詳細に振り返ることができるように，その時々の状況や自分の経験に応じた方法で記録を取りましょう．

　記録することとは，具体的にいえば，フィールドの様子を文字，スケッチ，写真にすることです（写真8）．フィールドノートに，現地で見たものごと，聞いたものごとについて，キーワードとなる単語，文章で記述する．言葉で表現することが難しいものごとであれば，スケッチを描く，写真を撮ることもできます．できるだけ多く記録することが大切だと思います．記録の量が多ければ，フィールドワークを振り返ることも容易になるからです．また，フィールドワークの成果をどのように利用するかによって，記録する方法や記録の質と量は変わります．事前に成果の取りまとめを意識しながら，どういった記録をとることが適しているかを想定することも大切なことです．

　ここでは，筆者の記録の取り方を紹介します．フィールドワークを通して得られる情報は，ある特定の空間や社会で生じている現象に他なりません．そこで，地図，野帳，写真を同時に用いながら，気になった現象をその位置と共に記録することをおすすめします（写真9）．気になったものごとを発見したら，その位置を地図上に番号を付けて記します．同時に野帳や付箋に同じ番号を記して，気になったことについて感想やコメントを書き留めます．そこで出会った人に話を聞いた場合は，その内容も記述します．さらに，その場所や現象の特性を写真に収めます．このような作業を行うことで，フィールドワーク後に気になったものごとを正確に思い出すことが

第1章 フィールドワークのすすめ　19

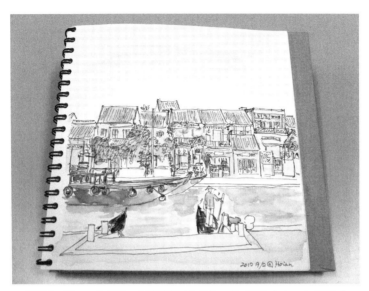

写真8　フィールドワーク時に描いたスケッチ（ベトナム・ホイアン）

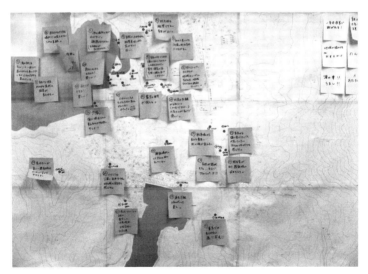

写真9　地図を用いた記録方法の例

写真 10　建物の外観を写した写真

できます．ただし，記録には必ずこうすべきだという方法はないので，フィールドワークの経験を積み重ねていく中で自分に合った方法を自分自身で見つけてほしいと思います．

　ところで，写真の撮り方についても紹介します．レポートやプレゼンテーションに写真を利用する際に，発表・報告しようとする内容に適している写真が手元になく，困ることがあります．写真を撮る際，フィールドワーク後にその写真をどのように利用するかを意識してみましょう．様々な利用方法に応じて，複数の写真を撮影することをおすすめします．例えば，ある歴史的な建物の写真を撮る場合を考えてみますと，歴史的な建物の特徴を記録するため，様々な位置から写真を撮ります．建物全体をいくつかの方角から撮影する（写真10）．様式が施された意匠など，建築物の詳細を撮影する

(写真11). 隣接する建築物など含めた周辺環境を撮影する. その建築物とその周辺の使われ方, その場所の性格を記録するために, 人々を合わせて撮影する(写真12). このように様々な写真を撮影すると, レポートやプレゼンテーションで困ることは少なくなります. 皆さんが地域から切り取った風景が何を説明しうるのかを意識しながら撮影することが大切です.

写真11　建物の細部を撮影した写真

写真12　建物の使われ方を撮影した写真

4. フィールドワーク後に行いたいこと──成果のまとめ

　フィールドワークを実施したら，その記録を振り返りましょう．野帳のメモ，スケッチ，撮影した写真を整理することで，入手した断片的な情報は，地域を立体的，有機的に説明する情報に生まれ変わります．さらに，それらの情報を，レポートやプレゼンテーションなどの形にしましょう．フィールドワークを通して得た情報は，事実や出来事を示すだけでなく，皆さん自身の関心を示しています．皆さんがフィールドワークで何を感じ，何を考えたかを言葉にしてみましょう．同じようにフィールドワークを行っても，その受け止め方は人により異なります．結果，フィールドワークの成果も個性的なものになります．そこにフィールドワークの楽しさがあります．フィールドワークは，現代社会の多様性を発見するだけでなく，皆さん自身のことを発見することにつながります．フィールドワークは，自分自身を発見する手段でもあるのです．これまでに示してきた方法でフィールドワークを遂行すれば，対象地域のことを子細に紹介し，皆さんオリジナルの地域の捉え方をレポートすることができるはずです．卒業研究も基本的には，このようなフィールドワークの繰り返しによって完成します．

　さて最後に，フィールドワークの成果をまとめることができたら，その成果物を地域に還元しましょう．地域でお世話になった人たちへの感謝を示すことになりますし，皆さんが力を絞って作成した成果はその地域にとって有益なものに違いありません．

5. フィールドワークのすすめ

 再び,百聞は一見に如かず.

 これを読んだら,ひとまずフィールドワークに出かけましょう.事前の調査,計画,心構え,用意するもの,フィールドワークとは何か,成果のまとめ,たくさんのことを気にしなければならないのがフィールドワークです.しかし,その苦労の大変さ以上に,フィールドワークは楽しいものです.

 まずは,普段の生活の中にフィールドワークを取り入れてみましょう.フィールドワークのつもりでまちを歩き,まちを見てみると,これまで気にも留めなかったことに足が止まり,興味が湧いてくるはずです.何気なく存在するものの中に,自分の気になるものごとを発見していくことがフィールドワークなのです.

　[文献]
西村幸夫・野澤康,2010,『まちの見方・調べ方　地域づくりのための調査法入門』朝倉書店.

第2章

卒業論文の書き方

吉永明弘

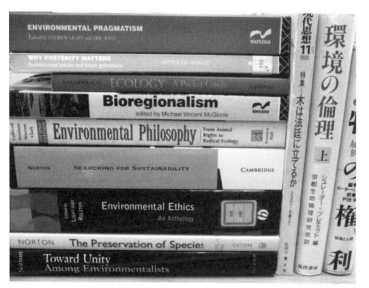

写真1 卒論を書くには資料集めが重要になる

1. なぜ卒業論文を書かなければならないか

　なぜ卒業論文を書かなければいけないのでしょうか．実は，それは「大学での学びとは何か」にかかわる問題です．学生が大学で学ぶべきことは何なのでしょうか．立花隆さんによれば，大学とは，「知的インプット能力」から「知的アウトプット能力」への転換を行う場所だといいます．そしてその決め手となるのが文章能力なのです．

　　大学入試まではもっぱら知的インプット能力の勝負だが，社会に出たら，知的アウトプット能力の勝負である．大学というのは，知的インプット能力を知的アウトプット能力に転換させていく場なのである．文章能力をどんどんあげつつある学生は，その転換に成功しつつあるといってよい（立花 2002：34）．

　高校までの学びとは「覚える」ことが中心だったと思います．しかし大学ではむしろ，「発信する」「表現する」能力を身に着けるのが学びの中心になるのです．そして発信・表現の集大成となるのが，卒業論文なのです．したがって，卒業論文をきちんと書くことは，大学での学びをきちんと遂行することだといえるでしょう．
　しかし，まとまった文章を書くのが初めて，という学生も中にはいるでしょう．そこで，以下では，卒業論文の書き方を初歩的なところから説明してみたいと思います．

2. 論文のテーマを決める

　人文社会科学の分野では，テーマは「自分で決める」というのが原則です．身の回りにあることがすべてテーマになりえます．重要なのは，物事に対して，自分なりの問題意識をもつことです．大学の授業やゼミは，その問題意識を広げ，深めるのに役立つはずです．逆に，問題意識がなければ，授業やゼミでの話題がすべて他人事になってしまいます．自分の中に問題意識があれば，授業やゼミの知識が，問題意識に引き付けられて蓄積されていきます．その先に論文のテーマが見えてきます．

　ただ，論文のテーマは時として壮大な，あるいは漠然としたものになりがちです．しかし，それだと論文を書くことはできません．例えば「環境問題について」というテーマでは論文になりません．環境問題といってもその中身は多様です．大きく分けても，汚染問題，自然問題，アメニティ問題に分かれます．汚染問題といっても，公害，産業廃棄物問題，放射能問題，地球温暖化など，さまざまなテーマを含んでいます．自然問題といっても，国立公園管理，外来種対策，種の保存，動物愛護と肉食など，さまざまなテーマがあります．アメニティ問題といっても，都市問題，限界集落，地域活性化など，いろいろあります．「環境問題に関心があります」という問題意識は単純すぎます．どういった環境問題に関心があるのか，そこまで突きつめていかないと，具体的な問題意識になりません．壮大なテーマをもつことはよいのですが，卒業論文では，「流山市のゴミ問題について」，「子どもに自然保護をどう教えるか」といった個別具体的なところまで，問題意識を絞り込む必要があります．

3. 早く論文を書き始める

　卒業論文はスタートが肝心です．できるだけ早く書き始めてください．とはいえ，論文を初めて書く人に，「書け」と言っても，まったく書ける気がしないでしょうし，そもそもどうやって書けばよいのか分からないと思います．

　そんなときには，まずは形を気にせずに，何でもいいから書いてください，とアドバイスしています．どんな形であれ，まずは素材を集めることが重要なのです．これは話し合いの際に行う「ブレーンストーミング」というやり方に似ています．ブレーンストーミングとは，思ったことを恥ずかしがらずに何でも話し，それらの発言をお互いに否定しないことによって，できるだけ多くのアイデアを集めようというものです．

　体裁が整っていなくとも，下書きがあれば，それに対して修正したり，そこに肉付けしたりすることができます．白紙の状態では，追加も修正もできません．思いついたことを紙に書きつけることです．もっとも今では，PCに打ち込むわけですが．そして書いたものは保存しておいてください．途中で支離滅裂になっても，箇条書きでも，書いたものはすべて保存しておくことが大事です．後でどこかに必ず活きてきます．

　これをできるだけ早めに行ってください．素材さえあれば，具体的なアドバイスができます．しかし，いつまでも白紙のままだと，アドバイスのしようがありません．

　また，論文は書き終わってから分かることが多いのです．全部終わってみると，直したいところがたくさん出てきます．そしてそこを直すと，内容が格段に良くなるのです．しかし，締切ぎりぎりに

完成ということになると，直す時間がありません．それを防ぐには，できるだけ早めに書き上げなければなりません．そのためには，できるだけ早めに書き始めることが必要になります．

4. 形式を覚える

論文には形式があります．①表紙，②目次，③本文，④参考文献，これらが必須です．最後にお世話になった人たちへの謝辞をつけることもあります．また，別途「要旨」を提出する場合があります．

①表紙には，論文タイトル，学籍番号，指導教員名，自分の氏名を書きます．これは特に説明の必要がないと思います．
②目次は，本文の構成を示すものです．一般的に，はじめに（あるいは序論），第1章，第2章，第3章……，おわりに（あるいは結論）という区分けがなされます．また，章の中を第1節，第2節，第3節……と，さらに区切ることも多いです．節の中も，さらに区切ることができます．例えば（1）（2）（3）……，あるいは，小見出しという形になります．ただ，そこまでは目次に書く必要はありません．例えば以下のようになります．

（卒論の例）「ナショナルトラストの歴史と現在」
はじめに……………………………………………………… 1
第1章　ナショナルトラストの誕生……………………… 5
　　第1節　イギリスの産業革命と環境破壊…………… 5
　　第2節　ナショナルトラストを生み出した人々…… 9
　　第3節　ナショナルトラストの活動とその成果……13
第2章　日本への導入と展開………………………………17

第 1 節　ナショナルトラストの紹介者……………………17
　第 2 節　日本での実践 (1) 知床 100 平方メートル運動 …20
　第 3 節　日本での実践 (2) トトロのふるさと基金 ………24
第 3 章　ナショナルトラストの現在………………………………29
　第 1 節　トラスト団体へのインタビュー…………………29
　第 2 節　トラスト活動に参加して…………………………33
　第 3 節　ナショナルトラストの今後の課題………………37
おわりに………………………………………………………………39

　はじめに（または序論）には，論文の目的（この論文で何を明らかにしたいのか）や動機（なぜこのテーマを選んだのか）などを書きます．おわりに（または結論）では，卒業論文を書いて，何が明らかになったのかについて，まとめます．これらは論文を書いていくうちに微妙に変化するので，本文の後に書いた方がよい場合が多いです．

　さて，論文の本体についてですが，いくつかの章に区切るということは，いくつかの小さなテーマを設定するということです．したがって，章ごとに，小さなテーマについて書いていきます．例えば「ナショナルトラストの歴史と現在」というテーマで書く場合，第 1 章ではイギリスでナショナルトラストが誕生した経緯についてまとめます．第 2 章では，ナショナルトラストが日本に導入された経緯と，日本での実践についてまとめます．第 3 章では，ナショナルトラストの現状を調べるために，トラスト団体にインタビューを行い，活動に参加して，その結果をまとめます．そしてそこで浮かびあがってきた課題について最後に記します．こうした小さなテーマについての記述をつなげていくことで，論文が完成します．

　長い文章を書くのが苦手だという人は，卒業論文は短い文章の集

積だ，と考えてください．章ごと，節ごとに目的があり，それが達成されなければなりません．一つの章，一つの節が，まとまりをもった完成品なのです．したがって，書く順番ですが，第1章から順に書く必要はありません．書ける章から書き始めてください．また，あとで論述の順序が変わっても問題ありません．

　論文を書いているうちに，わけが分からなくなることもあります．そういうときには，自分が今書いているところに，小見出しをつけてみてください．小見出しとは，数段落ごとに，その内容を一行で表したもので，節以下の小さなタイトルのようなものです．それは，読者にとってのガイドになりますが，実は執筆者にとっても，自分が今何を書いているかを知るためのガイドになるのです．

5. 引用の仕方を覚える

　この原稿「卒業論文の書き方」でも，すでにいくつかの引用があります．私はこの原稿を，自分の力だけで書いているわけではありません．過去に読んだ本などから引用をしています．ここで引用元を示さなかったら（つまり自分の考えとして書いたとしたら），盗作になりかねません．

　最近では，他人のウェブサイトから文章をコピーアンドペーストしてくる人もいますが，これは他人のアイデアを盗んでいるわけですから，著作権の侵害にあたります．つまり犯罪行為です．また，まるまる他人の文章をコピペしている場合には，自力で書いていないわけですから，カンニングと同じですし，何より自分の研究成果とはいえなくなります．これは卒業論文の書き方以前の問題です．そこまで意図していなくても，うっかり陥りがちなのは，自分の見解と他人の見解を混ぜて書いてしまうことです．どこまでが参考に

した人の意見で，どこまでは自分の意見なのかは，区別しなければなりません．

他人の意見を引用すること自体は，むしろ必要なことです．自分の思い込みではなく，一般的に言われていることだということを示すには，他の人の意見を出さなければなりません．あるいは，自分が一般的な意見とは違うことを言いたい場合でも，一般的な意見を示さないとその違いが分かりません．ここで，引用の形式を覚えることが必要になります．

引用の際には，次の決まりを守ってください．

① 一言一句引用する時は，「　」でくくり，出典とページ数を書く．

「地球生態系の許容限度のなかで，人口，食料，エネルギー消費をコントロールしていかなければならない．環境問題の帰結は，たったそれだけである」(加藤1991：203)．

② 本の内容を要約して紹介する場合，あるいは著者の意見を自分なりにまとめる時は，「　」でくくらず，出典を（部分的な紹介の場合にはページ数も）書く．

以下，齋藤伊久太郎の論文にしたがって，アメニティマップのつくり方を詳しく説明する (齋藤 2007)．

そして最後に「参考文献」に，引用元の本を次のように書いてください．

加藤尚武（1991）『環境倫理学のすすめ』丸善ライブラリー

齋藤伊久太郎（2007）「アメニティマップづくり」『アメニティ研究』No.7・8合併号，日本アメニティ研究所

ここでは，著者名，出版年，書名（論文の場合は論文名・掲載誌名の順），出版社名を必ず書いてください．価格を書く必要ありません．こうすれば，①の場合，「　」の中は，加藤尚武さんのこの本の 203 ページに書いてあることだということが分かります．また②の場合，以下の記述は齋藤伊久太郎さんの論文を読んで書いたもの，ということになります．英語の論文を参照した場合にも，同様の順番で，以下のように記してください．

Norton, B. G.（1984）"Environmental Ethics and Weak Anthropocentrism" *Environmental Ethics* Vol.6, No.2

③　ウェブサイトを参照した場合には，URL とサイトの名前を，引用文のあとか，注か，または参考文献表に記載する（閲覧日を書いておくことが望ましい）．

「NPO 法人エコロジカルフットプリントジャパン」http://www.ecofoot.jp/top.html（2014 年 9 月 30 日閲覧）

　本であれ，パンフレットであれ，ウェブサイトであれ，何かを見て書いた場合には，このような形で，参考文献の中に入れてください．これがないと読んだ人が情報源を確認できませんし，悪くすると盗作になります．逆に，このような決まりを守りさえすれば，幅広く文献にあたり，積極的に引用をしてください．先行研究にあたらず，自分の意見だけを書いたものは，感想文や作文であって，論文ではありません．先行研究を引用し，それに自分のコメントをつけるというのが，一般的な論文の書き方です（したがって引用文だけでも論文にはなりませんので注意してください）．

それから，感想文や作文とは違って，論文には「注」というものがあります．注は，必要な情報だけれども補足的なものであり，それを本文に入れると読みづらくなるという場合に，別のところにその情報をまとめて書くというものです．いくつかの書き方がありますが，『社会学評論』などでは，本文の後にまとめて注が載っています[1]．

6. 読みやすい文章を書く

読みやすい文章を書くコツについては，多くの本が出されています．多くの人が語っていることで，卒業論文の文章にも参考になりそうなことを，いくつか紹介します．

第一に，長い文は読みづらいということです．したがって，一文を短くすることが，読みやすい文章の秘訣です．このことに関連して，清水幾太郎さんは，文をつなげる「が」を使わないようにしよう，と呼びかけています．話し言葉では，よく「が」が使われますが，書き言葉では使わないようにしよう，と清水さんは言うのです．「が」を使った文というのは，以下のような文のことです．

　……私も少し言いたいことがあるんですが，あなたの御意見が判らないというわけではないんですが，平和というのは戦争のない状態と言ってよいのでしょうが，その平和の根本的本質という問題ですが，そんなことは判りきっていると主張する人もいるにはいるんですが，どうも，私はそう考えないんですが……（清水 1959：61）．

このように「が」を使うと，どこまでも文が長くなっていきます．

一文を短くするためには「が」をなるべく使わないことが肝要です[2]．

　第二に，意味のとりやすい文になるよう工夫しようということです．学生のレポートを読んでいると，複数の意味にとれるような文に出会います．また，読むのに苦労するような文もあります．その原因の一つは，主語と述語が遠ざかっていることにあります．したがって，主語と述語を近づけることが大切です．またそのことによって読みやすくもなります[3]．

　　A．事故は一度起こったら取り返しがつかないとこの著者は述べている．
　　B．この著者は事故は一度起こったら取り返しがつかないと述べている．

　A．のほうが読みやすいと思いますが，その理由は，主語（この著者は）と述語（述べている）が近くにあるからです．このように，少しの工夫で文章は読みやすくなります．

7. おわりに

最後に，この原稿で私が伝えてきたことをまとめてみます．

　　① 卒業論文を書くことが大学での学びの大きな目的です．
　　② 普段から問題意識をもち，論文のテーマを絞り込んでください．
　　③ とにかく早く書き始めてください．
　　④ 論文の形式（章立てなど）を覚えてください．

⑤　引用の仕方を覚えてください．
⑥　読みやすい文章を書いてください．

　この原稿も，以上のことを実践してきたつもりです．この原稿が，卒業論文を書く上での参考になれば幸いです．

［注］
1) 　今，読んでいる部分が注です．通常の Word の機能では，脚注という，該当するページの下部に注をつける仕様になっています．どちらの形もありえますが，どちらかの形に統一することが必要です．
2) 　ちなみに，「いるんです」というような口語体（話し言葉）は，論文では用いません．「いるのです」という形が正式です．同様に「してる」というのは口語体で，「している」というのが正しい書き方です．
3) 　このような観点を，私は本多勝一さんの『日本語の作文技術』という本から学びました．この本は，論文に限らず，読みやすい文章を書く上でとても参考になりますので，ぜひ参照してください．

［文献］
清水幾太郎，1959，『論文の書き方』岩波新書．
立花隆＋東京大学教養学部立花隆ゼミ，2002，『二十歳のころ〈1〉1937-1958――立花ゼミ「調べて書く」共同製作』新潮文庫．
本多勝一，1982，『日本語の作文技術』朝日文庫．

第3章

文化人類学で,グローバル化社会をしなやかに,したたかに生きよう

斗鬼正一

写真1 混沌とした香港の街

写真2 ニューデリー駅前のゴミの中で眠る人

写真3 インドネシアの葬列

1. 「グローバル化」,「国際化」は華やか!? オシャレ!?

　日本では，世を挙げてグローバル化，国際化の大合唱です．企業はグローバル展開をめざし，大学もグローバル化を進め，大学生もグローバル感覚を持った国際人，グローバル化対応人材にならなければいけない，でなければ時代に後れを取る，ということになっています．

　でも，世間一般はもとより，大学生も，グローバル化，国際化といえば，海外出張，海外勤務，英語を武器に世界を股にかけて活躍するビジネスマン，といったイメージの人が少なくありません．何やらかっこ良く，華やか，オシャレなイメージなのです．

　おまけに，グローバル化対応力とは何かとなると，学生も，企業も，そして日本社会も，あまりきちんと考えているとはいえません．なんとなく，語学ができること＝グローバル化対応力としか考えていない場合が多いのです．

　もちろん，言葉が通じなければ，国際舞台で活躍どころか日常のコミュニケーションさえ不可能ですから，これはもう絶対に大事です．

　今一つ大事といわれているのが異文化を学ぶことです．確かに，世界の様々な仕事の進め方，ビジネスマナーを学ぶことは必須ですし，挨拶，訪問，贈り物の仕方とかテーブルマナーといった習慣を学ぶことも，上手にお付き合いする上で必要です．

　でも，みなさんが直面することになるグローバル化，国際化の真の姿を知れば，近未来のグローバル化社会で生きていくためには，語学ペラペラ，国際舞台で外国人とオシャレに付き合うなどといった認識では全く不十分，一番肝心なことに気づいていないことがわ

かるはずです.

2. グローバル化って何?

　グローバル化に対しては，東西対立に勝利して極度に強欲になった資本主義が，国家の枠を越え，過剰で不公平な競争を世界中に広げようとして起こっていることで，欲望と闘争心をあおり，格差を拡大させ，民族間の対立，紛争を激化させるだけ，という負の側面への強い批判があります．しかし大学生としては，否応なくそうした社会に出ていくことになるわけですから，自分たちにとってのグローバル化とは何なのかを十分に考えていかなければいけません．

　今や企業は安い労働力，有望な市場，有利な税制などを求めて国境を越え，世界に展開していきます．日本企業といっても，物価，人件費が高い日本を避け，生産現場は，中国へ，ベトナムへ，近い将来はミャンマー，さらにはアフリカへと移転していきます．日本国内の市場は限定されていますから，販路も世界に広げなければいけません．さらには，日本企業が外国の企業を買収する例もたくさんあります．逆に，日本企業といっても丸ごと外国資本に買収されることもありますし，日本企業も，社員の国籍へのこだわりが減り，有用な人材を求めて留学生など外国人社員の採用を進めています．

　こうなると日本企業に就職しても，職場は海外という可能性はかなりある，ということになりますし，顧客，上司，同僚，部下，そして社長が外国人ということになるかもしれません．

3. 人口減少と外国人労働者受け入れ

　それならやはり語学力と異文化を学ぶことが一番大事，と思うか

もしれませんが，そんな単純な話ではありません．

2040年までに全自治体の半数が「消滅可能性都市」になる，豊島区ですら消滅，などという予測が日本人を驚かせた2014年，日本の人口は12月1日現在1億2707万人．1年間で21万人，0.17%も減少しました．2013年の出生率は1.43．出生率とは，一人の女性が生涯に産む子どもの数ですから，2以下なら当然人口は減りますが，それ以前に，経済格差拡大による非正規雇用労働者，貧困層の増加で，晩婚化，非婚化も進み，結婚しない，できない人も激増しています．50歳時点の未婚率を示す生涯未婚率は1955年に男1.18%，女1.47%，1970年に男1.70%，女3.34%だったものが，2010年には男20.14%，女10.61%へと急増しています．何しろ男の5人に1人，女の10人に1人が結婚しないのですから，2100年には人口が2008年の4割になってしまうという予測も現実味があります．おまけにすでに4人に1人が65歳以上という超高齢化社会ですから，生産年齢人口も急減していきます．

こうなると，日本が経済活動を維持し，活力を保とうとするなら，外から人を入れる他ない，という議論が出てきます．なにしろ働く人がどんどん減っていくのですから，外国人労働者を受け入れなければならない，というわけです．また女性にもっと働いてもらうためにも，家事，介護，看護などに携わる労働者も必要になります．日本の若者が就きたがらないいわゆる3Kの分野で働く人も必要になります．さらに人口減は市場の縮小でもありますから，市場規模を維持するためにも，外から人を入れて人口を維持することが必要というわけです．

外国人労働者といえば，バブル全盛の80年代にはイラン人などたくさんの人々が，人手不足の日本に出稼ぎにやってきました．<u>無論現在も技能実習生という名の労働者，そして合法，非合法含めた</u>

外国人労働者はいますが，大きな数ではありません．バブル期のイラン人も，多くの日本人にはあまり接点が無く，ほとんど無縁の存在でした．しかしこれからは大勢の外国人労働者が身近な存在になる可能性が高いのです．

4. 移民受け入れは潮流

　移民という問題も考えなければいけません．現在の日本ではほとんど無縁の言葉で，明治初期から1924年の排日移民法成立までに約20万人といわれるハワイ移民，20世紀初頭から1970年代までに20数万人といわれるブラジル移民といった，教科書に載っている歴史的出来事という印象でしょう．

　しかし世界の多くの国々で，移民は日常的な存在です．移民は自発的なもの，強制されたもの，永住するものとそうでないものがありますが，より豊かな生活を求めて先進国に住み，働く人々だけでなく，人種差別，政治的，宗教的迫害，思想弾圧，経済的困窮，戦禍，天災，飢餓，伝染病などから逃れる難民も含まれます．日本は移民も難民もほとんど受け入れてこなかったので無縁なのですが，パレスチナ難民や，ベトナムからのボートピープルがよく知られているように，世界では多くの国がいろいろな形で受け入れています．

　外国人労働者，難民の受け入れにあまり積極的でなく，受け入れた場合も同化させることに力を注いできたドイツでも，低出生率，少子化という圧力に押され，すでに移民国家としての道を歩むことを選択していますし，日本同様に，文化的，民族的多様性が極めて低い韓国でさえ，先進国中最低という極端な低出生率に押され，移民受け入れの道を選択しているのです．

　こうした中，日本は，労働者，移民，難民ともに，これまでほと

んど受け入れてこなかったわけですが,すでに労働者の受け入れ拡大が検討されています.また,難民受け入れへの消極性は国際的に批判されていますから,いずれ大きく門戸を開く必要があるでしょうし,開かなくとも,国際情勢などによっては,難民が押し寄せるといった事態も考えられないわけではないのです.

5. 世界の多くの国は多民族国家

　実は,移民を受け入れるまでもなく,世界の国々の多くは元々多民族国家です.世界中からの移民が暮らすアメリカ,55もの少数民族がいる中国のような国から,オーストラリア,ニュージーランド,南アフリカのように,先住民族と植民者だったヨーロッパ系の人々が作る国,わずか707㎢の国土にマレー系,中国系,インド系の人々が住む都市国家シンガポールまで,たくさんあります.さらにヨーロッパでも,アジア,アフリカでも,現在存在する国境などというものはずっと後の時代に引かれたもので,しかも歴史上変更が繰り返されていますから,元々の民族分布に基づいたものではなく,一つの国といってもいろいろな民族がいるのが当然ということになります.

　そう考えると,琉球,アイヌも,歴史的にはともかく,現代においては一体化が進んでいる日本のように,まわりはみな同じ顔,同じ言葉を話す人々ばかりという国は,実は世界でも珍しい,例外的な国なのです.そして交通通信手段が発達し,経済も政治も,一国では何も進まない現代においては,日本もいつまでも「単一民族幻想」に安住し続けることは不可能なのです.

6. 多文化社会は大変

　そうした多民族国家，移民，難民，外国人労働者をたくさん受け入れている国々，つまり様々な文化が混在する多文化社会では，さまざまな困難な問題が起こります．まずは，言語から仕事の進め方や勤労意欲まで，大変異なりますから，仕事を共に進めることが大変ということがあります．

　しかし困難はそんなことにとどまりません．労働者といってもロボットではなく人間ですから，宗教，思想，勤労観，家族観，人生観，死生観など，その民族として独自の価値観を持っています．また，当然日々の生活を営み，長く暮らせば，結婚し，子供を産み，育てることにもなります．当然日本人と結婚する人もいます．そうして隣人も，同級生も，配偶者までも異民族，異文化ということになると，生活時間が異なる，行列の仕方が異なるといった社会生活上の習慣の違いも大変ですが，最も重大な問題になるのが，実は，寝て起きて，食べ，排せつし，生活空間や体をきれいにし，といった，動物としての人間が生きていく上で絶対不可欠な，極めて身近な，日常生活に密着したことに関する文化の違いなのです．

7. カオスの街で失神――インド

　私の友人に，語学の達人がいます．何か国語もペラペラ，おまけに美人で，航空会社のキャビンアテンダントに難なく採用され，国際舞台で活躍とばかりに意気揚々と初フライトに飛び立ちました．行先はインド．ところが，現地に到着，ホテルに落ち着き，街に出てみようと歩くうちに，気が遠くなり，気づいたときには病院のベ

ッドの上．医師の診断は，何と「カルチャーショック」だったといいます．

　インドの街は寺院から流れる大音量の祈りが響き，物売りの声が溢れ，中央分離帯にまで人が住みつく通りには大富豪の高級車から，おんぼろバス，バイク，リキシャ，そして牛車まで入り乱れ，ありとあらゆる人種，種類の人が渦巻いています．狂犬病の犬から「野良牛」までうろつきまわる街は，ゴミが散乱し，嗅いだこともない臭いが漂うでこぼこの道は汚水でべとべと（写真2）．牛のうんちどころか人のうんちも点々と落ち，ハエがまとわりつきます．人々は得体の知れない食べ物を汚れた皿から手で食べ，歩道で暮らす裸の子供たちが通行人にまとわりついて食べ物やお金をせびり，みすぼらしい身なりの若者たちが，果物やら土産物やらを売りつけようと，信号で止まった車に群がります．

　うんちはトイレで，という当たり前さえも通用しないこのカオス＝混沌の国を歩くうちに，わけが分からず，理解できず，何もかも汚く，気味が悪く，恐ろしくて，気を失ってしまった，というわけなのです．

　華やかな国際舞台などというイメージとは正反対．これで気を失っていたのでは，いくら語学の達人でも活躍どころではないのですが，実は人は，食，排泄，嗅，不潔，音といったきわめて生理的，動物的側面でこそ，もっとも大きな，そして深刻なカルチャーショックを受けます．そしてそれは生理的側面ですから，理屈ではなく，とにかく気持ち悪い，恐ろしいといった激しい嫌悪感，そして差別感へと結びつくので，とりわけ深刻なのです．

8. グローバル化対応人材の課題

こうした点を考えれば，華やかな国際舞台とか，語学の達人＝グローバル化対応人材，語学力＝異文化コミュニケーション力などという理解では不十分なことがわかるでしょう．

現実に異文化の地で暮らすことも，身の回りに異文化の人々がたくさんいることも，単に言葉が通じれば，習慣の違いを知っていれば，うまくいく，などというレベルの問題ではないのです．語学なら勉強すればなんとかなるかもしれませんが，気持ち悪い，気味が悪いなどというのは，とにかくそう感じてしまうのです．食べる，出すといった動物としてもっとも基本的なことができなければ，国際ビジネス云々以前に，その土地で生きていくこと自体困難なのですから，これがいかに重大なことかわかるでしょう．

9. 文化人類学で人間探検

つまり，こうした多文化社会に上手に適応できる人こそグローバル化対応人材，というわけですが，実はこんな人材を育てるのが文化人類学なのです．

文化人類学は「旅する学問」です．勉強というと教科書暗記，学問といえば，研究室，図書館でカビ臭い書物，資料の山と格闘，日夜実験室にこもって実験，観察，といったイメージの人が多いでしょう．いかにも暗いイメージです．でも文化人類学という学問は，外に飛び出して街探検，世界に飛び出して現地生活ナマ体験のフィールドワークからすべてが始まります．もちろん文化人類学者も本を読まなければ仕事にならないのですが，何よりもまずは現場に出

かける．そして手にした情報，感じたこと，考えたことが研究の出発点になります．文化人類学は研究室，書斎，机上の学問というより，現場重視の体験型学問なのです．

　だから文化人類学者はしょっちゅう旅に出ます．街を歩きます．などというと，それなら遊びと同じだ，と思われそうですが，それは文化人類学が人間を理解することを目的とする学問だからです．人間にとって最大の謎は何と言っても人間．その人間が作る世の中もまた謎だらけ．そして何といっても断然謎なのが自分自身だという人も多いでしょう．人間，世の中，自分って，いったいどんな仕掛けで動いているのだろう．そんな身近だけれど人類最大の謎を探検しようというのが文化人類学なのです．

10. 人が人を理解するには

　履歴書を読むよりも，写真を眺めるよりも，人づてに話を聞くよりも，実際に一度でも会ったほうが，はるかに良くその人のことを理解できます．さらに，学校や職場でのつきあいだけだった人と食事を共にする，飲む，さらには自宅を訪問する，一緒に旅行するとなれば，なお一層理解は深まります．昔から同じ釜の飯を食べる，裸のつきあいといわれるように，本来動物である人と人が親しくなり，理解する最良，最重要な方法は，食べる，寝る，裸になって汚れを落とすといった，動物として生きていく上で不可欠な側面を共にすることなのです．

　そもそも人間も世の中も，そして自分の中にも，混沌，矛盾が渦巻いています．数字でスパッとなど割り切れません．何事も予想通り，計画通りになんかいきません．それこそが人間です．だから文化人類学者は生活の現場に飛び込んで，直に出会うこと，語り合う

こと，そして生活を共にして，共に喜び，共に悲しむ．それによって人間という不思議な動物を「共感」，「体感」によって理解しようとするのです．

だから熱帯ジャングルのヤップ島からコンクリートジャングルの香港，東京まで，大氷原の狩猟民から砂漠の遊牧民，そして東京湾の漁民まで，人間とその生活とのナマの出会いを求めて，日本中，世界中に飛び出していくのです．それが文化人類学という学問の初めの一歩なのです．

11. 犬を食べる！——ベトナム

つまり，教科書を丸暗記などという「学習」とは全く違うのですが，こうして世界に飛び出してみれば，人間ってますます不思議，謎だらけで，発見，驚きに満ちています．

食べることは人類共通だとしても，世界には昆虫とか生肉とか，血とか，中には石を食べるなどという民族もいます．韓国人となると犬まで食べてしまいます．中国のチャウチャウが元々食用犬だったことはよく知られていますが，ベトナム，ポリネシア，ミクロネシアなどでも，さまざまな犬肉料理が食べられています．

でも，こうした自分たちの文化で食べないものを食べているのを見ると，気持ち悪いゲテモノ食いで，生理的にダメ，聞いただけで吐き気がする，なんて野蛮な連中だ，などと感じてしまうでしょう．

12. 皿をゆすがない！——ニュージーランド

食べた後の片付けだっていろいろで，キウィ（ニュージーランド人）の食器の洗い方は，凄くおおざっぱです．日本人なら洗剤を付

けたスポンジなどでていねいに洗い，それから流水でゆすぎ，布巾などで拭いてから乾かします．飲食店などでも溜めすすぎはあり得ません．

　ところがキウィ流は，シンクに湯を溜め，洗剤を流し込み，揚げ物鍋からグラスまで何でも一緒に放り込み，柄のついたスポンジで軽くこすって水切りに立ててからタオルで拭くだけ．つまりゆすがないのです．これでは汚れが取れないし，日本のより濃厚な洗剤も付着したままだから，紅茶に泡が浮かんだりするほどです．ちゃんとしたレストランでも，皿に渦巻き模様が見えたりします．でもキウィはこれがちゃんとした洗い方だと信じていますから，ホームステイ先で，せっかく日本式にきれいに洗った食器にキウィがもう一度洗剤を塗って拭いているのを目撃しても，驚いてはいけないのです．それどころか，愛犬家が多いこの国では，何と家族と犬が食器を共用という家もあるなどと聞くと，食欲がなくなってしまうでしょう．

13. 扉のないトイレが恥ずかしくない！――中国

　食べたものは出さなければいけませんから，食と排泄は生きていくうえで必須です．しかもしばしば一刻を争いますが，アメリカでトイレに飛び込んだらフン闘中の人の足が丸見えだったとか，中国ではウン悪く扉がなく，お隣さんと気まずく目が合って「ニーハオ！」などという悲喜劇が起こります（写真4）．タイ，ベトナムなら，下からお腹を空かせた豚がよだれを垂らして見上げていた，などという異常事態にも遭遇してしまいます．インドとなると，トイレそのものがなく，路上で用足し中の人と出会ったりします．

　排泄は恥ずかしいことで，隠れて済ませることとされ，トイレは

写真4　扉がない中国蘇州市の公衆便所

閉鎖的なのが当たり前という現代日本人には，出るものも出なくなるほどのカルチャーショックですから，実に遅れていて，恥知らずな民族だ，などと感じてしまいます．

14. 裸の女性にドキッ！
── ヤップ島

恥ずかしいといえば，椰子の実やタロイモ，目の前の海で獲った魚を食べて昔ながらに暮らすミクロネシア・ヤップ島の

写真5　ヤップ島の老夫婦

人々は，男性が褌一丁なのはともかく，女性も腰蓑だけで生活しています（写真5）．ところが彼女たち自身は全然恥ずかしいなどと思っていませんし，ポリネシア，アフリカなど，女性が上半身裸という民族は結構います．また，男性が日本人から見たらほとんど裸という民族はもっとたくさんいますが，こうした民族に出会うと，私たちは，裸族，未開民族，人食い人種，野蛮人などという言葉を思い出し，こんな恥ずかしい恰好で暮らすなんて，なんて遅れた人たちだろう，などと考えてしまいます．

15. 葬式はパチンコ屋の開店セール！？──香港

人間も動物ですから，どの民族もいずれ死ぬのは生物学的必然です．でも，その死にかかわる文化となると，その違いには驚かされます．

香港の紅磡(ホンハム)駅といえば，広州，上海，北京，そしてかつては大英帝国ロンドンとも結ぶ国際列車の始発駅で，1999年に空港鉄道香港駅が開業するまでは，香港の中央駅だったところです．ところが何と，その中央駅の真ん前に「世界殯儀館」，「萬國殯儀館」，「安盛殯儀館」など巨大な斎場ビルが5つも立ち並び，周辺の200×400mほどの一帯には葬儀屋，花屋，墓石屋など葬儀にかかわるあらゆる店がたくさん集まっています．つまり中央駅前に「葬式街」があるのです．

日本でいえば，東京駅前に葬儀場や葬儀屋が並んでいるようなものですから，それだけでもカルチャーショックですが，葬式自体がまた凄いのです．日本人の目にはパチンコ屋の開店祝いとしか見えない「花牌」（花輪）が並び，「禮堂」（式場）の華やかな飾り付けには「福壽全歸」などという文字が躍る葬式は，賑やかな音楽と共

第3章 文化人類学で,グローバル化社会をしなやかに,したたかに生きよう　51

写真6　店頭に棺桶が並ぶ

に行われます.参列者も凄くて,多くは平服で,ジーンズの人もいますし,華やかな宝石や金のアクセサリーを付けた女性もいて,みんなで賑やかにおしゃべりしています.香典を財布から取り出して裸のまま渡す人がいるかと思えば,何とおつりをもらっている人までいる,という調子です.

葬儀屋の店名にも「福」「壽」などというめでたい文字が入っていますし,日本では決して目にすることのない棺桶屋(写真6),骨壺屋の店頭には,中国式,英国式の棺桶が高く積まれ,骨壺が花瓶のように飾られています.

香港のお年寄りの中には,生きているうちから棺桶を買い,毎日磨いている人もいるのですが,この葬式街には,何と「護老院」,つまり老人ホームまであるのです.

老後から墓場まで，死にかかわることなら何でも面倒見ますという何ともコンビニエンスな街ではありますが，こんな街，葬式は日本人には到底信じられません．驚くどころか，呆れ果て，人が死んだのにこんな不謹慎な態度をとるなんて許せない，だから香港人はマナー知らずのダメな連中なんだ，などと怒り出す人までいます．動物としての人間にとってもっとも恐ろしく，嫌悪すべき，死にかかわることだからです．

16. 上手に生きよう

このようにその土地の人々の生活にナマで触れてみると，文化の違いはほんとうに凄いと実感できます．無論異文化に驚くのは無理もないことなのですが，動物としての人間が生きていく上で最も基本的な食とか死とかに関する場合となるとそれだけでは済まず，どうしても激しい感情的反応を引き起こします．ゲテモノ食い，気持ち悪い，汚い，不潔，恥ずかしい，遅れている，野蛮といった嫌悪感，差別感です．

これが遠い異国のことならさほど大きな問題にはなりませんが，グローバル化，国際化とは，こうした驚きの異文化が身の回りにあり，そんな異文化の人々の中で共に日々の生活を送らなければならないということです．ということは，日々の生活は腹立たしいことばかりということになりますが，いちいち怒り，嫌悪し，差別していたらどうでしょう．いくら語学が達者でも，到底生活していくことはできません．

日本に来たら外国人も日本の文化を，日本人も外国に住むならそこの文化を学べ，合わせろ，郷に入っては郷に従え，などといわれても，言葉やビジネスの進め方とか挨拶の仕方なら学べても，食と

なると、気持ち悪いものは気持ち悪いし、汚いものは汚いと感じてしまいますから、容易なことではありません．

つまり、グローバル化、国際化、異文化コミュニケーションで最も大変なのは、語学というよりも、こうした動物としての人間が生きていく上で最も基本的なことなのです．

17. 絶対的ゲテモノなんて存在しない

そんな大変なグローバル化、国際化の時代を、上手に生きていくコツを教えてくれるのが人間探検の学問＝文化人類学、というわけで、まずは一番基本の食の問題です．

確かに犬の肉なんて"生理的に"受け付けられないし、吐き気がしてしまいます．でも本当に"生理的にダメ"なのでしょうか？　食べられないといっても岩と違って犬の肉なら消化できますし、そもそも犬肉と知らないで食べたら吐き気などしません．後で犬の肉と知った時点で初めて吐き気がするのですから、実は"生理的"ではありません．子どものときから犬は人類の最良の友などと教えられ、食べることなど夢想だにしないからこそ、食べると聞いただけで気持ちが悪くなるに過ぎないのです．

食べるもの、食べてよいものと、食べないもの、食べてはいけないものの境界線は、それぞれの文化が独自に決めています．だからズレがあり、自文化で食べない、食べてはいけないと分類されているものを、他の民族が食べる、食べても良いと分類している場合に、"ゲテモノ"と感じるだけのことです．

ですから、鯨を食べるものとして分類していないキウィからすれば、日本人はゲテモノ食いの野蛮人に見えてしまいますし、そのキウィも牛肉大好きですから、牛は神聖という民族から見たらとんで

もない野蛮人ということになります．つまり，人間の世界に絶対的ゲテモノなど存在しないのです．

18. キウィの目には，美しくない国日本

　キウィといえば，汚く見えるのは皿の洗い方だけではありません．土足で家に入り，その床に座り，本や食べ物まで平気で置きます．逆に町の中を裸足で歩いている大人もいます．掃除はいい加減ですし，窓拭きなどということは大掃除でもやりません．おまけにほとんどの人は風呂に入らず，朝のシャワーだけといった調子で，日本人の目にはどう見てもきれいには見えません．

　ところがそんなキウィが日本にやってくると，ハイテク大国日本の汚さにびっくりします．色も形もバラバラな建物，色とりどりの看板，乱立する電柱と蜘蛛の糸のような電線，そしてゴミや雑草．そういえばニュージーランドの町はいたるところ芝生で，雑草というものがほとんど存在せず，建物は形も色も統一され，どぎつい色の看板もありません．

　つまり，どこを，どうした状態がきれいなのかが違うのです．日本人は身体や家の中という身の回りに手間を掛けますが，街のきれいさにはそれほど関心はありません．他方キウィは家の中はほどほどで，街の中は手間を掛けます．内と外の境界線がそんなに明確ではないので，家の中を土足でも，街の中を裸足でも，そんなに汚くも変でもないというわけです．

　つまりきれい，汚いといっても，絶対的にきれい，汚いというのがあるわけではなく，どんな状態がきれいか，どこをきれいにすべきかが文化によって違っているだけのことなのです．

19. 日本の葬式こそ変

　誰が死のうと，葬儀はしめやかに厳粛に行われるべきだとする日本人の目には，香港の華やかな斎場や，にぎやかで祝い事みたいな葬式は衝撃的です．人が死んだというのに絶対におかしいなどと思えてしまいます．でも実は，香港人にとって葬式は本当に祝い事なのです．つまり人はいつか死ぬ．だったら良い人生を送り天寿を全うしたお年寄りとのお別れは，みんなでにぎやかにお祝いしなければ，という考え方なのです．逆に若者の場合は気の毒としかいいようがありませんから，悲しみに包まれた葬式をすると知れば，なるほどそういう考え方もあるなと納得がいくでしょう．

　これは逆の立場でも同じことで，長寿のお年寄りでも，若者でも，誰が死んでも悲しい葬式なんて香港人の目には実に変です．日本人はとんでもない連中だと思う人もいます．でも香港人だって家族，友人が死んだら当然悲しいわけで，悲しみは隠すべきということにしているだけですから，説明すれば日本の考え方も納得してくれます．

　要するに，ひたすら死をあるべからざること，嫌悪すべきこととして排除する現代の日本文化とは死生観，人生観が違うわけで，葬式というものは絶対にこうでなければいけない，などということはないのです．それを理解すれば，棺桶，骨壺の店頭販売も，棺桶を毎日磨いて備えるお年寄りも，遺影写真が貼られた墓石も，変と決めつけることはできなくなりますし，故人が大好きだった歌謡ショーやストリップショーを上演する台湾の葬式も理解できなくはありません．そういえば日本だって，悲しい葬式の後に一転して賑やかに酒を飲みますが，これも非日常の葬式から日常に戻るための儀礼

とわかれば，他の民族も理解してくれることなのです．

20. ヤップ人から見たら日本人も裸族

　私たちは裸が恥ずかしいなどということは当たり前過ぎて，本能的にそう感じるのだなどと思っています．だから上半身裸の人たちを見ると，どうして恥ずかしくないのだろう，何と恥知らずな人たちだろう，などと思ってしまいます．でもヤップ人は自分たちが裸だなんて思っていません．何しろ足を出すことが裸という文化ですから，ビキニ姿で海水浴をしたり，スカートで街を歩いたりする日本人こそ破廉恥な裸族に見えるのです．

　本来人の身体はひと続きで，境界線が引いてあるわけではありません．それを，それぞれの民族が，背中，腕，胸などと分類しているだけです．ですから分類の仕方も違う場合がありますし，さらにどこを隠さねばいけないかもそれぞれの文化が独自に決めています．ですからどこが見えていることが裸かは民族によって違うのです．そして自分たちの文化で見せてはいけないとされる部分を見せても構わないという民族に出会った場合に，破廉恥な裸族と思ってしまうだけのことです．つまり，絶対的裸というのがあるわけではないのです．

21. ヤップ人は異性の前で食べるのは恥ずかしい

　ヤップ人から見たら日本の食文化だって破廉恥に見えます．何しろヤップの伝統文化では，食べることは恥ずかしいことですから，たとえ夫婦兄妹でも，異性の前では食べないのです．一緒に食べないどころか調理も男女別，いや実は，家も男の家と女の家が別々だ

ったのですから，家族揃って食事だなんてとんでもなく恥ずかしいということになります．

出す方も同じで，開放的トイレの中国では，レストラン街の真ん中に巨大な公衆便所ビルがあったりして，実に変なのですが，これも何を恥ずかしいとするかが民族によって違うからです．入れるも出すも一続きの同じようなことで，どちらも隠すほどのことではないという文化なら，「ニーハオトイレ」も公衆便所ビルも変ではないですし，同じようなことだがどちらも恥ずかしいと考えたヤップでは，どちらも隠します．他方で日本人は，入れる，出すは全く別のことで，出すのは恥ずかしいが，食べるのは恥ずかしくないとしているわけで，まったく違うのです．実際，開放的なトイレがなんでもないアメリカ人が，日本人のように他人と一緒に裸になって風呂に入るなんてとんでもないというように，絶対的に恥ずかしいことというのがあるわけではないのです．

22. 文化人類学でしなやかに，したたかにサバイバル

このように，世界の民族の生活にじかに触れ，多様さを実感し，相手の側から考えるという文化人類学のフィールドワークを経験すれば，文化が違えば正しいも当たり前もみな異なり，同じ文化でも時代とともに変わる，そして複雑怪奇で矛盾だらけの人の世に，絶対的に正しいなどということは無い，と思うようになります．犬肉を当たり前に食べる民族の目には，刺身を当たり前に食べる日本人が気味が悪く見え，その日本人が鯨肉を食べるのを野蛮と思うキウィも，牛を神聖な動物とする民族から見れば野蛮に見えます．自分の，自分たちの当たり前なんて広い世界にたくさんある当たり前の一つに過ぎないのです．絶対的に汚い，気持ち悪い，恥ずかしいな

どということはないのです．どちらが絶対的に正しいかなんて，神のみぞ知ることです．

それなのに，自分たちの文化を絶対基準にして，変だとか，遅れているとか，野蛮だとか決めつけていたら，その人々とうまくいくはずがなく，親しくなんかなれません．お互い腹の立つことばかり，ケンカばかり．それではいくら語学の達人でも，仕事のデキル人になれっこありませんし，それどころか，そういうちっぽけな石頭こそが，世界中で民族対立，差別，紛争，戦争を引き起こしているのです．そして，そんなちっぽけな石頭を，相対的な見方ができる「やわらかあたま」に変えてくれるのが文化人類学のフィールドワークというわけです．

さらには，人類最大の謎である人間という生き物の正体を，目からウロコが落ちるように説明するのも文化人類学です．なぜ人は汚いとか恥ずかしいと思うのか，そもそも汚い，恥ずかしいとは何なのか，といった当たり前過ぎて考えもしない，考えても当たり前としか思えない根本的な謎も，フィールドワークでの実感をもとに，文化人類学理論で分析していけば，それぞれの民族が作った隠れた仕組が見えてきます．そうなれば，汚いも恥ずかしいも，そういう仕組みで感じているだけのこと，その程度のこと，と客観的に見ることができるのです．

このように，知的好奇心全開で世界に飛び出して，あまりに多様で複雑怪奇な人間という謎の生き物を客観的，相対的に眺めわたし，違いを楽しんでしまう人になれたなら，あなたも，世界を舞台に，しなやかに，したたかに，そして華やかに活躍する，真のグローバル化・国際化対応人材というわけなのです．

[文献]

厚生労働省ホームページ,2014,『平成25年人口動態統計』厚生労働省.
総務省統計局ホームページ,2014,「人口推計」総務省
斗鬼正一,2003,『目からウロコの文化人類学入門——人間探検ガイドブック』ミネルヴァ書房.
————,2007,『こっそり教える世界の非常識184』講談社.
————,2014,『頭が良くなる文化人類学 「人・社会・自分」——人類最大の謎を探検する』光文社.

Fieldwork
訪ねてほしいフィールド

多文化化実験都市

　香港は中国の都市ですが，1997年まで英国の一部でした．つまり英国は阿片戦争をしかけて1842年に香港島を割譲させ，返還まで一世紀半，直轄植民地として支配してきたのです．

　この間香港は，国際貿易港，国際金融都市として発展してきましたから，英国，英国植民地，そして世界中から人がやってきました．また香港人の多くは中国人ですが，日中戦争や中国政府の支配を逃れてきた中国各地の人々の集まりです．もちろん中国と英国の文化はまったく異質ですが，中国各地出身の人々も互いに言葉も通じないほどで，文化的にも実に多様です．

さらに返還後も，50年間は資本主義体制を維持することとされ，一つの国の中に二つの体制が併存する「一国両制」という多文化の実験が行われていますから，香港は多様な人と文化が併存する，グローバル化，多文化化の先進・実験都市というわけです．

多文化都市の大変さ
　植民地時代の香港では，中国，英国の文化併存というだけでも大変ですが，支配者は英国人で，不平等です．ですから中国人からすれば，家庭ではともかく，外ではテーブルマナーから挨拶まで，異文化に合わせねばならないということになります．

　言葉も，公共の場では英語，広東語併用で，企業となると書類も英語中心です．議会でも，英国女王が任命した総督は当然英国人ですから，議員のほとんどが中国人でも審議は英語です．法廷となると，裁判長，検事，弁護士，被告全員が中国人でも，英国裁判官式のカツラをかぶった裁判長が英語で審理を進めますので，英語が苦手な人のために中国語の通訳が付くという，何とも奇妙な，植民地の悲喜劇としか言いようのない光景が繰り広げられます．

　こういう社会ですから，多くの子供たちは幼稚園から英語で学び，激しい受験戦争を経て，一番の名門校で英国式の香港大学をめざします．中国人でありながら，中国を侵略し，植民地化してきた英国の文化を，好むと好まざるとにかかわらず学ばなければならないというわけです．

　ただし人口は中国人が圧倒的多数ですから，英国人も自分たちの文化だけの街を作ることはできません．たとえば，英国人は美しい景観と静かで清潔な都市空間を作ろうとしますが，中国人はにぎやかで忙しい雑踏の街を好みますから，いくら都市計画をしても喧噪の街に飲み込まれてしまいます．

　こうして中国と英国の文化がぶつかり合い，どちらにとっても自分たちの街とは感じられない，混沌の都市が出来上がったというわけです．

多文化先進都市から活力,創造力を学ぶ

このように,多文化都市で生きることは大変です.しかし,異文化の接触,異質の人々の出会いは,活力,創造力ある社会を作る秘訣ですから,大きな利点もあります.

実際香港は,世界の都市番付の上位に付け,金融,経済はもちろん,映画,音楽などでも,世界に文化を発信しています.とりわけ香港といえば世界に冠たるグルメの街ですが,中国の醤とフランスのXOブランデーが出会ってXO醬,日本のうどんと中華麺が出会って烏冬麺,さらには中仏日が出会ったXO醬味の烏冬麺といった具合に,次々新しい食文化が創造されています.そして何よりも,活気あふれるエキサイティングな街は,人々を元気に,クリエイティブにしてくれます.

さらには「一国両制」という人類初の壮大な実験も進められていますから,世界のどこにもなかった新しい政治,経済,社会の体制が創り出されるかもしれません.

グローバル化が進み,他方で少子化,高齢化による活力,経済力の低下が危惧される日本にとって,香港はまさに,グローバル化への対応と,多文化の出会いによる活力,創造力ある社会の作り方を学ぶ格好の場なのです.

Book Guide

目からウロコの文化人類学入門
人間探検ガイドブック

斗鬼正一著
ミネルヴァ書房, 2003

「文化人類学」なんて聞いたことも無い人が多いでしょう．確かに経営学とか経済学とかと比べたらマイナーですし，名前だって硬そう，難しそう，古臭そうな響きです．

でも実は，文化人類学は「旅する学問」．世界中，日本中に飛び出して，多様多彩な人々とその生活に出会う"フィールドワーク"が命というすごく現代的，行動的な学問です．

だからこの本の中身も，ウンチはなぜ汚いの？ 他人に触れるとなぜ気持ち悪いの？ 美人はなぜきれいなの？ 夕食がトーストだとなぜ変なの？ 正月はなぜめでたいの？ などといった，身近過ぎ，当たり前過ぎて，考えてもみなかった不思議が並びます．玉子の黄身を青身と言ったり，犬の声が「ゴーゴー」と聞こえたり，虹が2色に見えたりといった世界の諸民族の謎も紹介されます．

そしてそんな謎，不思議に文化人類学の光を当ててみれば，人間，世の中，自分って，実はこういう仕掛けで動いているんだ！ と目からウロコの知的大発見が楽しめます．おまけに，人とは違った独創的発見力，発想力，ものの見方，考え方を磨き，激動のグローバル化・国際化の時代を楽しく，楽に生き抜く力を磨いてくれます．そんな「人間探検という知的エンタメ」のガイドブックがこの本なのです．

第4章

祭礼都市・青森

阿南　透

写真1　ベイブリッジをくぐるねぶた
(JRねぶた実行プロジェクト「八犬伝　円塚山　火遁の術　道節と荘助」竹浪比呂央作, 2013年)

1. はじめに

　青森市は，本州の北端・青森県の県庁所在地です．北海道への旅は，かつては青森から青函連絡船で津軽海峡を渡ったものですが，青函トンネルの開通により，青森から港町の色彩は薄くなりました．

　青森では，ねぶた祭を中心に1年が回っているといえるほど，青森ねぶた祭が市民にとって重要な年中行事です．そして今では，青森といえば「ねぶた」を連想するほど，青森を代表するイメージとして定着しています．私は，青森のように祭礼が都市のシンボルになっている街を「祭礼都市」と名付けてみました．この章では，祭礼都市・青森の実情を紹介しましょう．

　青森ねぶた祭とは，毎年8月2日から7日まで，青森市中心部で夕方から夜に開催される大型行燈の山車のパレードです（7日だけは昼にパレード，夜に海上運行があります）．大型行燈（ねぶた）は，針金の造型に紙を貼り，色を塗ったもので，横幅9メートル，高さ5メートル，奥行き7メートルというサイズが決まっています．毎年，ねぶた師と呼ばれる専門家が，日本や中国の歴史伝説をテーマに新作を作り，祭りが終わると廃棄します．現在は22団体が参加しており，それぞれがねぶた本体，囃子，ハネトと呼ばれる踊り子，このセットで参加します．ハネトは自由参加を認めているため人数は変動しますが，一晩に1万人近い人々が参加します．東北三大祭の一つとされたこともあって観客も非常に多く，6日間で300万人を超す人出があります．動員数では日本一の祭礼です[1]．

2. 市をあげての祭り

　現在，大型ねぶたを運行する 22 団体は表 1 のとおりです．かつては町内会や青年団もあったのですが，現在は日本を代表する企業が名を連ね，またＪＲ，東北電力，ＮＴＴなど公共性の強い企業や，県庁，市役所，自衛隊，それに大学，青年会議所，ＰＴＡ連合会などの公共団体が登場します．青森に存在する主要な団体が揃って参加しているのです．そして，約 30 名の審査員が審査をします．総合得点の 1～5 位には賞が贈られます．また部門賞として，ねぶた本体の得点 1 位の制作者に「最優秀制作者賞」，2，3 位の制作者に「優秀制作者賞」が贈られます．囃子 1 位には「囃子賞」，運行・ハネト 1 位には「運行はねと賞」があります．そして，参加団体はこの賞取りに熱中するのです．

　祭りは行政が全面的にバックアップしています．現在の主催者は青森ねぶた祭実行委員会で，青森市役所，青森商工会議所，青森観光コンベンション協会の 3 者から構成されています．祭りの総予算は約 2 億円で，このうち 1 割近い 1900 万円を青森市が負担しています（2012 年の金額．平成 24 年度青森ねぶた祭実行委員会会計収支決算書）．

　また，公道で祭りを行うためには，警察の道路使用許可が必要です．青森の街は，青森駅から東に伸びる新町通・本町通を中心に，青森港に沿うように東西に広がっています．百貨店や老舗の専門店もこのあたりに集まっています．南側には国道 4 号と 7 号が走っており，県庁や市役所などの公的機関はこちらにあります．現在のねぶた運行コース（図 1）は約 4 キロメートルで，新町・本町と，国道 4 号・7 号を使います．ここを数時間にわたって車両通行規制す

表1　青森ねぶた祭大型ねぶた参加団体（2014年）

団体名	ねぶた題名	制作者
青森自衛隊ねぶた協賛会	十和田湖伝説「南祖坊と八之太郎」	有賀　義弘
消防第二分団ねぶた会・アサヒビール	那智の滝「文覚と不動明王」	千葉　作龍
青森市役所ねぶた実行委員会	剛力　白藤彦七郎	外崎　白鴻
私たちのねぶた自主製作実行委員会	「鍾馗」端午の節句の鬼退治	相馬寿朗と私たち一同
東北電力ねぶた愛好会	鬼神「人首丸　伝説」	穐元　和生
ＪＲねぶた実行プロジェクト	相馬太郎良門　妖術を修る	竹浪　比呂央
県庁ねぶた実行委員会	袴垂保輔と鬼童丸　妖術合戦	大白　我鴻
サンロード青森	戦国武士華「前田慶次」	千葉　作龍
公益社団法人　青森青年会議所	雲漢	立田　龍宝
日本通運ねぶた実行委員会	新田義貞　龍神伝説	柳谷　優浩
青森山田学園	姫路城の刑部姫	北村　隆
に組・東芝	武内宿禰　宝珠を得る	北村　隆
青森県板金工業組合	坂東の王者　将門	北村　蓮明
青森市ＰＴＡ連合会	鬼童丸と袴垂保輔	内山　龍星
ＮＴＴグループねぶた	酒呑童子	北村　春一
マルハニチロ佞武多会	雷神	手塚　茂樹
ヤマト運輸ねぶた実行委員会	児雷也	北村　隆
パナソニックねぶた会	籠の梅、景季奮戦	北村　蓮明
日立連合ねぶた委員会	鍾馗	北村　蓮明
あおもり市民ねぶた実行委員会	浅草観音誕生	北村　麻子
ねぶた愛好会	滝夜叉姫	諏訪　慎
青森菱友会	大間の天妃神　千里眼と哪吒	竹浪　比呂央

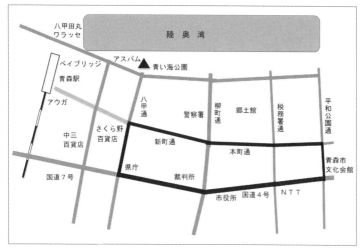

図1 青森市内模式図
(黒線がねぶた運行コース)

るのですが，特に国道の通行規制には，国土交通省青森河川国道事務所の許可も必要です．

警備の警察官は，青森警察署だけでは足りず県内各地から動員されます．祭りが荒れた時期にはのべ3000人を越しました[2]．

さらに，大型ねぶたは約3ヶ月かけて，大型の仮設テントの中で作ります．制作場所の確保が困難なため，全団体が集まって制作する場所を主催者が確保してきました．青森ねぶた祭はもはや参加団体の私的な行事ではなく，行政が全面的にバックアップする行事なのです．

3. ねぶた団地

全団体が集まって大型ねぶたを制作する場所を「ねぶた団地」と

言います．元々は空き地に各団体が小屋を建てていたのですが，個別に場所を確保できない団体が集まって，共同で場所を確保するようになりました．

　ねぶた団地の開始時期ははっきりしないのですが，青森県の地方紙『東奥日報』には，1975年に，「例年，柳町通りに設置されるねぶた団地は，製作場所を確保できない団体のために，県有地を市の要望で提供してもらい，昭和40年ごろ誕生した．もともと地元の消防団が使っていたが，団地になってからは市役所ねぶたをはじめ，例年五〜六台が，祭りの一ヶ月前くらいから『入居』した」（『東奥日報』1975.5.16）という記事があり，ねぶた団地は1965年頃に柳町通りで始まったとされています．1970年代前半には，柳町通りの中央分離帯になっているグリーンベルトを使っていました．しかし1975年に，駐車場不足が深刻化したことから，県は柳町通りにパーキングメーターを設置して駐車場にしました．このため青森市が移転先を探し，青森市交通部がバス置き場に使っていた旧野脇中学校跡地に移転します．しかしここは，通常10団体，多い年でも13団体程度の収容にとどまり，台数が増えてくると全団体を収容することはできませんでした（『東奥日報』1977.6.4）．やがて旧野脇中学校跡地に青森市文化会館の建設が決まったため，1980年からは旧青森中央高校跡地（現，中央西公園）に移りました．ここは運行コースから南に離れているため，移転に伴って運行コースを変更することになりました（『東奥日報』1979.10.1）．

　このように，ねぶた制作には一定の広さの空き地が必要なのですが，都市の中心部には長期的に使える空き地がなかなかないのです．空き地は，やがて新しい建物を建てたり，駐車場になったりと利用されます．このため，空いている土地を求めて数年おきに市街地を転々とさまよっていたのです．

1980年から使い始めた旧青森中央高校跡地もまた，運行団体の増加とともに，全団体を収容することはできなくなりました．ピーク時の1991年には24団体中20台を収容したものの，他の4団体は別の場所に小屋を建てました．また管理運営や観光客への対応でもさまざまな問題が生じたといいます．こうしたことから，1985年頃からねぶた関係者は，埋め立てが始まった港周辺（安方地区）への移転を考え始めました．

　安方は，元々は青森港の中心部で，魚市場がありました．ところが昭和40年代以降，油川地区木材港や沖舘地区フェリー専用埠頭ができ，港が西側に拡大する一方，安方の港湾施設は老朽化し，また魚市場が移転しました．こうしたことから1983年に，青森港の管理者である青森県が埋め立てによる再開発を計画したのです．これは，いわゆるウォーターフロント開発の走りともいえるもので，埋め立て地のうち南側の1.5ヘクタールには，1986年に青森県観光物産館ができました．「アスパム」の愛称で知られるこの建物は，地上15階，高さ76メートルの三角形のビルで，青森のランドマークになっているほか，展望台，観光物産コーナー，9面360度スクリーンに映像を上映するパノラマ館などが人気を集めています．残りの4.5ヘクタールについては，イベントを行えるようなお祭り広場やバザー広場などを配置した公園（安方緑地，のちに青い海公園と命名）になりました．1988年7月19日から9月18日まで，青函トンネルの開通を記念して「青函トンネル開通記念博覧会」がここで開催されたこともありました．

　埋め立てと平行して，もう1つの工事が行われました．青森駅をまたぎ，市の西部と東部を結ぶ「青森大橋」（工事時の通称．のちに青森ベイブリッジと命名）の建設が1982年にスタートしたのです．ルートは橋の東側がアスパムの正面を通ります．橋は，高さ

写真 2　前夜祭のラッセランド

82 メートルの 2 本のコンクリートタワーがワイヤーで三角形に橋を支える斜張橋です(『東奥日報』1986.4.25).この結果,高度のある橋の下には空き地が生じることになりました.

　この青森大橋の計画が具体化すると,ねぶた関係者はここに目をつけ,ねぶた団地を橋の下に移そうと計画しました.橋の下をねぶた制作のために使おうというのです.青森駅からも近いことから,観光資源としての面も考慮していました.ところが橋の計画が具体的になると,橋の下には全部(当時は 24 台)のねぶたを収容しきれないことが明らかになりました.また,橋の下を駐車場にする計画もありました.そこで橋の下ではなく,安方緑地を使わせてもらうよう要望したのです.

　その結果,所有者である青森県から,毎年約 3 ヶ月の借用が認め

られることになりました．

こうして1992年には，総額8500万円をかけて建設した新ねぶた団地がオープンし，合計24棟の仮設テントが立ち並びました（のちに「ラッセランド」と命名）．こうして毎年5月になると青い海公園にラッセランドがオープンし，8月のねぶた祭終了後に撤去されるのが恒例になりました．見学者への便宜を図るためにボランティアガイドが常駐し，誰でもねぶたの制作風景を見ることができる場所となっています．ラッセランドは青森の夏の風景としてすっかり定着しています．特に，ねぶた祭前日の8月1日には前夜祭が行われ，テントに入ったままのねぶたに点灯します．ねぶたをじっくり見ることができる機会なので，ラッセランドには多くの市民が詰め掛け，夜遅くまで賑わいます．

4. 常設展示場

青森ねぶた祭は1週間にも満たない祭りであるため，知名度が増すにつれ，ねぶたをいつでも見ることができる施設を求める声が高まりました．

なお，1973年には，県立の総合博物館「青森県立郷土館」が開館しました．ここには開館時からねぶたを1台展示しています．1972年の田村麿賞（当時の最優秀賞）受賞作，日立連合の「国引」（佐藤伝蔵作）の中心部分です．ただ，2階と3階を結ぶ階段の踊り場に設置したため，ねぶた全体を展示することができませんでした．また，階段の構造に合わせて，右向きのねぶたを左向きに変えて，佐藤伝蔵が改めて構成し直したそうです．現在は，実物は痛みが激しいため収蔵庫に保管されており，複製が展示されています．ちなみにこのねぶたは傑作の呼び声が高かったのですが，博物館に

写真3　海側から見たワラッセ

収蔵されることでさらに価値を高めたと思われます．裸の男の筋骨隆々たる造型，迫力のある表情，逆立つ髪など，その後のねぶた造型の方向性を決定づけていくことになるのです．そして，現在までに数度の修理を経ながらも，今も同じ場所に飾られています．最近では2013年に全面修復が行われ，5月18日には完成を祝って点灯式が行われました（『東奥日報』2013.5.19）．

　1977年5月には，民間の観光施設「ねぶたの里」が青森市郊外に開園しました．ここではねぶた10台を展示するとともに，ねぶた運行体験，バーベキュー，冬には雪で作った「かまくら」等の観光を組み合わせています．青森市を代表する観光施設として，ピーク時には年間約30万人の入場者がありました．ただし青森駅から約10キロメートル離れており，車で30分かかるのが難点でした．

これに対して，別の施設の計画も提案されました．1992年3月に青森観光協会がまとめた「青森観光ビジョン」の中では，ねぶた会館の建設が提唱されています．ねぶたを展示するだけでなく，ねぶた祭りを体験し，歴史的，社会的，文化的意義を研究し，資料を保存し，さらにねぶた制作や囃子を研修する場の役割なども期待されていました．

　1996年には，博物館の建設を目標として「ねぶたミュージアム基本構想」の答申も出されました．

　こうした計画は実現しなかったのですが，東北新幹線の新青森延伸を機にした再開発の中で，ようやく2011年に「文化観光交流施設」として青森駅近くの海辺に開業したのが「ねぶたの家　ワ・ラッセ」です．敷地面積1万3,012平方メートル，延床面積6,708平方メートル，総工費約50億円という施設で，大型ねぶた5台を展示するほか，イベントホール，交流学習室，ねぶた歴史展示コーナー，ねぶたアーカイブシステムなどを備えています．

　「青森駅周辺整備基本計画」によれば，同施設の基本コンセプトは「ねぶたがつなぐ，街，人，こころ：青森市の誇る文化資源としての『ねぶた祭』の伝承と活用を通じて，地域経済の活性化，地域コミュニティ再生の原動力となる拠点施設の創造」と，青森の文化資源を掲げています．そして，経済の活性化と地域コミュニティの再生を目的として，拠点施設においてねぶたを伝承し活用するというわけなのです．ここでは，ねぶた祭が「青森市の誇る文化資源」であり，「市民のアイデンティティの源泉」であるとはっきりと打ち出されています．

　さて，ワラッセの最大の目玉は，5台の大型ねぶたの展示です．これは，実際にねぶた祭に登場した22台の中から選定したものです．祭りの終了直後に前年のねぶたと入れ替え，この日から1年間

展示します．開業から現在までに4回の入れ替えがあり，2014年10月現在の展示は5代目です．

　制作したねぶたが展示されることは，ねぶた師にとって名誉なことです．このため展示ねぶたの選定には基準が設けられています．展示説明パネルを引用すれば「制作者の技能の向上と系譜を伝承することを目的に1制作者1台とし，より多くの制作者のねぶたを紹介する」とされ，「技能伝承」「系譜伝承」という2つの基準によって選定するとしています．「技能伝承」は，祭りの際の審査において，ねぶた本体の評価で受賞した3台を選びます．「系譜伝承」は，制作歴10年以上の制作者の中から，「制作者の系譜の伝承を考慮した上で選定」します．すなわち，受賞しなかった制作者のうち，作風の異なるベテラン2人の作品を選んで展示するのです．こうして，優れた作品と，作風の異なる作品を展示するように心掛けています．

　このほか，ねぶたの展示スペースの隅には，現役ねぶた師が1人1つずつ制作したねぶたの「面」がずらりと並び，パネルで各ねぶた師のプロフィールを紹介しています．

　「ねぶた歴史展示コーナー」では，ねぶたの歴史や制作方法を映像やパネル等で紹介しています．この部分は博物館に見られるような展示内容ですが，当施設は博物館ではないため，このコーナーを博物館的な名称で呼ぶことはありません[3]．

　「交流学習室」は会議室ですが，祭り期間中は祭り本部として使われます．また，一年を通じて囃子の練習にも使われています．

　「イベントホール」は，表彰式に使われるほか，さまざまなイベントが行われます．

　こうして，いつでもねぶたを見ることができる施設が青森駅のすぐ近くに開業し，開業1年目（2011年）の入場者数は30万人を超えました．青森市内の有料観光施設における2011年の入場者数を

比較すると，青森県立美術館の34万人，三内丸山遺跡の32万人には及びませんが，浅虫水族館30万人に匹敵する数です．ちなみに，郊外にある「ねぶたの里」は5万8,000人まで入場者数を減らしました．前年比65%という大幅な減少でした（平成23年　青森県観光入込客統計）．こうしたことから，ねぶたの里は2013年をもって閉館しました．

5. コンパクトシティの核

　ねぶたの街，青森のイメージは，ワラッセの開業により一層明確になったように思います．

　東北新幹線の青森延伸に際し，駅は青森駅から約4キロメートル離れた場所に設けられました（新青森駅）．新幹線が来なかった青森駅周辺は，ワラッセの開業を契機に，陸奥湾に沿ったウォーターフロントを発展させることで面目を一新しました．ワラッセの隣には，JR東日本が建設した新しい物販施設A-Factoryがあります．海沿いに進むと「青函連絡船メモリアルシップ八甲田丸」があり，旅客船ターミナルに至ります．ワラッセから海沿いにラブリッジという歩行者専用橋を通ると，青い海公園に着きます．陸奥湾を望む公園にはさまざまなオブジェやイベントステージがありますが，ゴールデンウィークから8月上旬まで，ここにラッセランドがオープンします．青い海公園の隣がアスパムです．また，青い海公園の東には新中央埠頭があります．ここは年間20隻程度のクルーズ客船が入港する，東北でも有数の埠頭になっています．青森の市内観光の核がここに出来上がったのです．

　青森市は，コンパクトシティの計画でも知られています．これは，雪に対応するとともに，無秩序な市街地拡大による行財政コストを

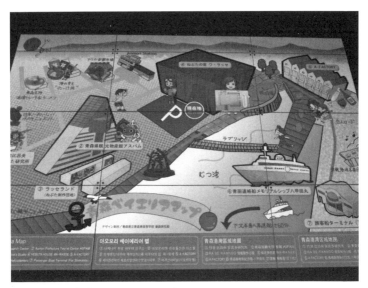

写真 4　青森ベイエリアマップ（ワラッセ駐車場に掲示．2013 年撮影）
ワラッセを中心に，陸奥湾沿いに新しい観光施設が並ぶ．写真では切れているが，左隅に竹浪比呂央ねぶた研究所も描かれている．

抑制し，持続可能な都市作りを進めるため，中心部に住む人を増やし，起業環境を整備し，訪れる人を増やすことを目的とした政策です（青森市マスタープラン，1999）．また「改正中心市街地活性化法」(2006) に基づいて「中心市街地活性化協議会」を結成し，富山市とともに第 1 号認定を受けています．実は，青森ねぶた祭の運行コースは，この中心部に重なります．こうした計画においても，ウォーターフロント地区は中心市街地の一部であり，特に観光の拠点とされていました．さらにワラッセ開業により，ワラッセが核的施設として位置づけられました．観光客の増加はもちろんですが，ウォーターフロントの賑わいを中心市街地全体に広げ，市民の交通量増加につなげることが期待されています．

6. ねぶたの街，青森

青森市を訪れる観光客は夏に偏っています（図2）．このため，ねぶたを利用したイベントを他の季節に開催する試みも行われています．新町商店街で行われる「青森春フェスタ」は，「ねぶたとYOSAKOIソーランのコラボ」を売り物に，ねぶた1台の運行とYOSAKOIソーラン団体の演舞を行うもので，5月ゴールデンウィークのイベントとして定着した感があります．

写真5 あおもり灯りと紙のページェント

耐水性の紙を使った，ねぶた風のイルミネーションが並ぶ．

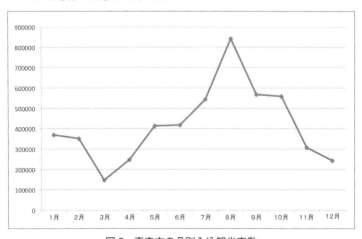

図2 青森市の月別入込観光客数
(平成23年 青森県観光入込客統計)

また，12月から2月にかけて行われる「あおもり灯りと紙のページェント」は，ワラッセから青森港の間に和紙を利用したイルミネーションを飾り付けるというもので，ねぶた師が制作した大小さまざまな紙のオブジェが，冬のベイサイドを照らします．

　現在では，こうしたイベントに限らず，青森市内でねぶたを見る機会が増えています．アスパムの1階には中型ねぶたが展示されています．空港，駅，役所，ショッピングセンター，土産物店，ホテルなどに，小型ねぶたや，ねぶたを使った装飾が置かれています．ねぶたのポスターやグッズも増えています．

　市内にねぶたイメージを普及させる事業には市も補助金を出しています．2012年に始まった「青森市ねぶたのある商店街つくり推進事業」は，商店街や店舗が，ねぶたを活用した広告装飾を設置したり，ねぶたを活用したイメージアップ事業を行う場合，補助金を交付します．「ねぶたの活用による地域色豊かなまちを醸成し，市民や観光客の回遊性の向上を図り，商店街のにぎわいの創出，活性化を目的とする」のがねらいです．また，青森市内のマンホールにもねぶたが描かれています．こうして，ワラッセの中だけでなく，街にねぶたがどんどん増えています．こうしたねぶたを探し歩くのも，青森での私のフィールドワークになっています．

　また，市内に制作場所を構え，制作の様子を公開するねぶた師も出てきました．「竹浪比呂央ねぶた研究所」は，ねぶた師竹浪比呂央が青い海公園の近くに開設した制作拠点です．ここでスタッフとともに，年間を通して大型ねぶたのパーツや小型ねぶたを作っているほか，オリジナルグッズを販売しています．原画の展覧会を開催することもあります．月曜日以外は一般公開しており，ねぶた師の仕事ぶりを目の当たりにすることができます．一年を通して制作過程を公開し，芸術としてのねぶた制作を情報発信していくことで，

第4章 祭礼都市・青森 81

写真6 新青森駅の小型ねぶた

写真7 青森駅前のショッピングセンター・アウガの小型ねぶた

写真8 青森市役所の小型ねぶた

写真9　ビルの壁にねぶた

写真10　ホテルのロビーにねぶた

写真11　ねぶたの書き割り風
　　　　の絵が入った道標

写真12　青森市内のマンホール
青森市内の東西で図柄が異なる．東部がこの
「ねぶたとはねと」．西部は「ねぶたの顔」．

写真 13　竹浪比呂央ねぶた研究所

ねぶたのアピールとイメージアップを図ろうとしているのです．これに刺激されたのか，若手ねぶた師が「ねぶた屋」というグループを結成し，さまざまな活動を始める拠点を作り始めています．

　このように，青森ではねぶたが，祭りの時期だけでなく，日頃から視覚的に青森を代表するシンボルとして広く使われ始めています．「青森といえばねぶた」のイメージは強まるばかりです．

[注]
1)　青森ねぶた祭について詳しく知るには，(宮田・小松編 2000) がまとまっています．私も一部を執筆しています（目下入手難ですが，2017 年に増補改訂版の発行が予定されています）．なお，私は 1997 年から毎年，青森でねぶた祭りを見ており，主な研究成果として，(阿南

2000）（阿南 2003）（阿南 2011b）などがあります．
2) 1980 年代から 2000 年まで，「カラスハネト」と呼ばれる，荒れる若者たちの傍若無人の行為が見られました．これについては，青森県が迷惑防止条例を制定して取り締まりに乗り出し，また運行方式を変更したことにより終息しました（阿南 2000）．
3) 私はねぶた歴史展示コーナーの監修者の一人としてワラッセに参画しました．

［文献］
阿南透，2000，「青森ねぶたとカラスハネト」日本生活学会編『祝祭の一〇〇年』ドメス出版：175-198．
―――，2003，「青森ねぶたの現代的変容」『国立歴史民俗博物館研究報告』103：263-297．
―――，2011a，「『東北三大祭』の成立と観光化」『観光研究』22-2：51-60．
―――，2011b，「青森ねぶた祭におけるねぶた題材の変遷」『情報と社会――江戸川大学紀要』21：161-174．
宮田登・小松和彦編，2000，『青森ねぶた誌』青森市．
「青森観光ビジョン」1992．
「青森駅周辺整備基本計画」平成 18 年 7 月，青森県青森市．
「青森市中心市街地活性化基本計画」平成 19 年 2 月，青森県青森市．
「青森都市計画マスタープラン」平成 11 年 6 月，青森市．
「第 2 期青森市中心市街地活性化基本計画」平成 24 年 3 月，青森県青森市．
「東北新幹線新青森駅開業対策に関する基本方針――新幹線効果を最大限に享受できるまちづくりに向けて」平成 17 年 2 月 21 日，青森県青森市．
「ねぶたビジョン　平成 2 年 6 月」社団法人青森観光協会・ねぶた祭ビジョン委員会．
「平成 23 年　青森県観光入込客統計」青森県観光国際戦略局．
「平成 24 年度青森市ねぶたのある商店街づくり推進事業補助金交付要綱」青森県青森市．

Fieldwork
訪ねてほしいフィールド

青森県津軽地方では各地でねぶた（ねぷた）が盛んです．しかし，ねぶたの観光利用については，主要都市の間にも差が見られます．何を観光資源としてアピールするか，都市の個性が感じられます．

青　森

青森市には，先に述べたとおり，ねぶたの家ワラッセをはじめとした展示施設や，市内のあちこちにねぶたが飾られています．皆さんもねぶた探しを楽しんでください．

弘前

津軽の中心都市，弘前市では「弘前ねぷた祭」が8月1日から7日まで行われます．扇型のねぷたが多いのが特徴です．

ですが弘前では，さくらまつり，弘前城雪燈籠まつりなども人気があり，ねぷただけが観光資源ではありません．ねぷた単独の展示施設はありませんが，ねぷたと津軽三味線を売り物にする民間施設「津軽藩ねぷた村」のほか，弘前市立観光館に大きなねぷたがあります．

五所川原

五所川原市は，高さ22メートルの巨大な立佞武多が運行します．この立佞武多をいつでも見ることができる巨大な施設が「立佞武多の館」です．ここは市街地では唯一の観光施設で，ねぷたの制作場所でもあり，一度中断した大型ねぷたが復活した経緯や，作品の特徴についての展示もあります．人口6万人弱の小さな市がこれだけの施設を作ってしまったことを見ると，ここもまた祭礼都市であると実感できます．

黒 石

　黒石市は，ねぷた祭りに60台を超える小型のねぷたが運行します．観光客はほとんど来ず，地元の方だけで楽しむ祭りです．扇ねぷたと組ねぷたの両方がありますが，独特のデフォルメをする組ねぷたは魅力的で，一見の価値があります．

　しかし展示施設はありませんので，7月30日と8月2日に行われる合同運行を見るしかありません．観光については，ねぷたよりも，「日本三大流し踊り」の一つとされる「黒石よされ」という踊りに力を入れています．

Book Guide

遠野物語 remix

京極夏彦・柳田國男著
角川文庫，2014

　『遠野物語』は，1910年に出版された，柳田國男の最初期の作品で，民俗学の古典とされています．河童，天狗，山姥，座敷わらしなどの「妖怪」や，幽霊，神隠し，雪女，山人，山の神々など，岩手県遠野市に伝わる伝説や昔話を119も集めています．

　遠野市は，岩手県の内陸部，奥羽山脈に囲まれた盆地で，城下町でもあります．この本が有名になるにつれ，遠野市は「民俗学発祥の地」を自称し，民俗学観光の地として有名になりました．

　さて，柳田國男没後50年を経た今，小説家・京極夏彦が，『遠野物語』を現代語訳し，配列を自由自在に並べ替えた「remix版」を出版しました．原著は文語体の上，脈絡のない配列で，今では読みにくいのも事実です．そこで，「土地柄と世間話」「信仰と怪異譚」「昔話と神話」と3部構成にして，現在から過去へと流れをはっきりさせました．

　『遠野物語』は，元々，文学としても高い評価を受け，泉鏡花や三島由紀夫に絶賛されました．今回のremix版は，民俗学入門書であるだけでなく，文学作品としての楽しみ方もあることを示してくれました．

　妖怪や死者の住む世界「異界」は，遠野の周囲ではありふれた存在でした．実は私たちの回りにも存在したのです．あるいは今もどこかに存在します．民俗学を学ぶと，こうした世界の痕跡が見えてくるのです．

第5章

日本の再構築
コミュニティから日本を元気にする

鈴木輝隆

写真　広島県尾道市　通称ガウディハウス

1. はじめに

　戦後の日本は利便性が高く経済的に豊かな社会の実現をめざし，一定程度の目標は達しましたが，その後の新しい目標を見いだせず閉塞感が漂っています．さらにグローバル化や少子高齢化の進行，異常気象や自然災害の続発などもあり，未来に対する漠然とした不安も広がっています．足元の地域社会ではひとり暮らしの人が急増し，孤独な社会を癒してくれるコミュニティやソサエティの大切さが言われるようになっています．また，東京圏一極集中により，地方の経済や雇用の環境は厳しさを増しています．日本のまちづくりは大きな転換点に立っています．

　これからの日本の再構築は，経済的な豊かさを求めたグローバル世界を強調するだけでなく，若いみなさんが田園回帰やローカルに関心を持ち，親切で丁寧なコミュニティを築くことによる元気で希望に満ちた社会の実現を考えてみてはどうでしょうか．

　まちづくりとは社会の課題を解決し，生活・環境・文化・経済面から地域を元気にする活動のことです．多くの場合，まちづくりの主体は住民，あるいは行政と住民，企業，大学・研究機関の協働によります．日本のまちづくりの歴史は1970年前後に始まり，当初は衰退していく地域の復興を目指す活動であることから，「地域おこし・まちおこし」と言われました．また，まちづくりは歴史・文化を破壊する大規模な開発に対して，地域の内発的発展を基本とし自立した地域をめざしていました．しかし，2000年ころから少子高齢化やグローバル化の進展もあり，地方経済の疲弊から，地域再生，地域創生がまちづくりに代わる言葉となりました．

　東日本大震災以後も地方では深刻な災害が続き，一方，東京では

2020年のオリンピック・パラリンピック開催が決まり大規模な都市改造が始まり，地方と東京圏との経済格差は年々大きくなっています．しかし，資本の論理だけで町が造られるわけではありません．自分たちの意志で地域の歴史・文化を継承し，望む町を創造する機運が生まれることは，必ずしも否定的なことではありません．住民による「町の意志が感じられる町」を創造しなければならない時代と，私は考えています．日本はこれまで，中央主体で政治や行政主体主導のお任せ民主主義でしたが，コミュニティやソサエティ主体の民主主義へと移行する，大きなターニングポイントの時代を迎えているのです．

私は35年にわたり全国の行政や住民の相談相手になり助言を行うとともに，歴史・文化を継承するだけでなく自分たちが意思決定力をもつ「意志ある町」をめざす地域を訪ねる中で，志ある地域の人から地域経営のあり方や生き方を学ぶことができました．こうした経験から，私が評価しているまちづくりの活動を事例にし，未来の町のあり方と生き方のヒントをみなさんと一緒に考えてみたいと思います．

2. 広島県呉市「おいもを愛する会」の谷脇けい子さん

地域を魅力的にするアイデアは住民の妄想力から生まれ，活動への共感が広がるとどんどん地域全体に増殖していきます．4年前，私は「おいものまちづくり」に出会い，驚きました．2004年からはじまった活動は，地域にある空き地に，みんなでおいもを植えて収穫し，みんなで食べるシンプルなものです．それだけのことですが，人のつながりを性別，世代，人種を越えてコミュニティから町全体に広げ，さらに「おいもラブ・ステーション」プロジェクトと

写真1　谷脇けい子さん（右）

して北海道から鹿児島県，東日本の被災地の南相馬市にも活動範囲を広げ，日本中をつなげて，生き生きとした相互扶助の生活を実現しています．当初のおいもの栽培に留まることなく，伝統野菜「広かんらん」栽培の復活，安全でおいしい野菜の有機栽培や自家採集した種の交換会，学校での食育活動，さらには収穫したおいもを使ったパンやてんぷらなどの特産品づくりへと発展，地域振興へと意義を深めています．谷脇けい子さんという一主婦の情熱や妄想力，行動力から生まれたこの活動は，多くの人たちにおいもづくりを通じて，疎外感や心の負荷から解放し生命性を回復させ，コミュニティを生き生きさせています．

2.1 おいもを愛する会の誕生

2004年12月5日,「おいもを愛する会」は呉市の広地区にある広会館主催の「ふれあい地域コミュニティ文化祭」に,"おいもでつなげよう地域の輪"を合言葉に誕生しました.当時,呉市の人口は約25万7,000人で,外国人登録人口は市全体で2,675人と全国的にも多く,最も多いのはブラジル国籍の993人でした.そのうち735人が広地区で,ブラジル国籍の住民は広地区では身近な存在となっていて,お互いの信頼関係の構築が必要となっていました.そのため住民同士の交流をめざして,「フットサル教室」「国際ブラジル料理教室」「サンバ打楽器教室」,日本語教室と連携した「ポルトガル語による地域マップづくり」などが行われ,「であい,ふれあい,おもいあい」,「支えあいの心で幸せなまちづくり」など住民の願いそのものが,現在のおいもを愛する会のキャッチフレーズになっています.

さまざまな立場を超えた地域の絆づくりは理想ですが,住民による具体的なコミュニティ活動は難しいものです.すべての人が継続的に楽しく集う活動が見つからないのです.そこで,同会は「ふれあい地域コミュニティ文化祭」で,ブラジル国籍の人とのダンスや収穫したさつまいもを一緒に食べる交流を行って人気を博したことから,会の活動をスタートさせました.地域に根ざしたさまざまな活動を展開することによって,お互いを理解し合い支え合い,尊重しあえる「仲間づくり」をめざし,絆を深める活動の始まりでした.みんなで育て収穫したおいもを一緒に食べる活動が,これほどコミュニティや絆づくりになるとは思いもよらないことでした.

会の名前は大事なものです.「おいもを愛する会」,少し恥ずかしいけれども,よくぞこんな楽しい名前をつけたものです.代表者の谷脇けい子さんも,「おいもを愛する会の名前で領収書を下さいと

写真2 さつまいもの収穫
(おいもを愛する会提供)

いうと，えっ，え？ なんという名前ですかと何度も聞き直され，実は私も恥ずかしいです」と笑いながら話します．子どもにもわかりやすく一度聞いたら忘れられないコピーやデザインは，長年絵本作家や保育士をめざしていた谷脇さんの得意とするところで，マスコット人形やチラシ，パネルの絵は幸せを感じさせるデザインで評判になりました．加えて面倒見の良いことから，ネットワークがいっそう広がっていきました．

2005年5月，住民の厚意で提供された空き地の活用から，おいもを愛する会の畑作りは始まりました．6月，畑の土壌改良に砂入れも行われ，会の活動拠点となる畑200㎡が誕生したのです．さらに活動を続けるにはリスクとコストがいつもついて回るので，信頼できる仲間と資金が必要と考え，同月，呉市主催で開催された「まちづくり活動企画コンペ」に，おいもを愛する会の活動目標を発表

したところ，入選6団体のひとつに選ばれて，活動資金を得ることができました．

2.2 なぜ，おいもなのか

「なぜ，おいもなのか」．だれもがそんな素朴な疑問を抱くのではないでしょうか．谷脇さんの答えは，「おいもはやせ地でもよく育ち，性質が強健で育てやすく，畳1枚分の畑があれば子どもたちと一緒に手軽に育てることもできます．一緒に収穫したおいもはホットプレートに並べて焼いたり，おいも汁を作ったりすることで『おいもパーティー』を開くこともできます．おいもを収穫したり，食べたりしているときの子どもたちの笑顔はとっても素敵で忘れられないですよ．新しい仲間（こいも）をどんどん増やしていくおいものような成長の仕組みを会の活動に活かしているのです」となめらかな返事がありました．

おいもはだれもが好きな食べ物です．食べるとおなかがポカポカし，食べ過ぎるとおならが出るなど，体も心も緩んでなんだか不思議な満足感とユーモアをもたらします．おいもを愛する会と聞いただけで，思わず気持ちが緩むのではないでしょうか．さらに，チラシにも登場するキャラクター"おいもちゃん"は会のマスコットになっています．フェルトでできた手作りのおいもちゃん人形は，赤や茶色のからだにピンクのハート型の手足がついて，小さな黒いビーズの瞳をしています．地元の手芸部のお母さんたちの手にかかれば，ほかの野菜もどんどんマスコット化され，おいもちゃん，じゃがちゃん，かんらんちゃんなどと増殖し，いまやマスコットが人をつなげる人気の「メディア」になっています．愛される小さなキャラクターの存在は人から人へと手渡すことができ，心のつながりを無意識に感じさせる力があります．

写真3　マスコット人形

2.3　多彩で楽しく分かりやすい活動

　会の趣旨は「さつまいものように，仲間を増やせばさみしくないよ」「いろんな人が集まって，つながれば幸せなまちになるよ」とストレートです．コミュニティの活動を広げていくために，おいもを育てる仲間「おいも育て隊・畑友だち」の募集を開始，会員には，苗やキャラクター人形をプレゼントしています．さらにおいも畑作りの強化をめざし，大学生の協力を得て潜在的なおいも畑に適した空き地を探す「畑探し隊」，苗などを会から分けてもらい栽培する「畑友だち」，個人や団体による「おいも育て隊」会員など多様な関わり方も提案して，ユーモアに惹かれた賛同者も増殖しています．

　私がこの会の存在を知ったのは，一般財団法人「ハウジングアンドコミュニティ財団」の住まいとコミュニティづくり活動助成の選

第 5 章　日本の再構築　　97

写真 4　じゃがちゃん祭り
(おいもを愛する会提供)

考委員となったことからです．助成金申請書にあった，ユニークな名前の活動に驚いたことに始まります．選考委員はまんまと谷脇さんのおいもにまつわる妄想にはまり，これを選ばずしてどうするのかと，全員一致で選びました．この財団の成果発表会の交流会では，谷脇さんの発表に共感する団体が多く，北海道，山形，福島，栃木，東京，神奈川，和歌山，鳥取，島根，岡山，宮崎，鹿児島など各地に「おいもラブ・ステーション」となる支部が続出し，畑友だちは全国へと拡大しました．じゃがいもの種芋やさつまいもの苗を送り，収穫したいもと交換などが行われるといいます．

　さらに，畑は無いけど家で育てたいと希望するアパートやマンションで暮らす会員には，20 kg の土を提供し土袋の中でさつまいもの苗を育ててもらっています．いもの苗の成長を確認する方法として，会員全員に往復はがきを郵送・電話・メール等で交流を深め，マスコット人形や「じゃがちゃん祭り・おいもちゃん祭りのＣＤ」

をプレゼントしています．新しい仲間が加わることは，活動の刺激となります．

「じゃがちゃん祭り」「おいもちゃん祭り」はメインイベントです．地元住民や企業，行政も一体となってものすごい騒ぎで，祭りの最後にはじゃがちゃん祭り・おいもちゃん祭りの歌に合わせて踊ります．さらに，ブラジル料理を通して食文化の紹介や地域交流の場「シュハスコ交流会」を開催し，外国市民との交流を深めています．会が育てたおいもは，いまや8,000人の市民が食しているそうです．

2.4 充実するネットワーク

会では，カボチャ，ナスビ，キュウリ，枝豆，そして広地区で130年の栽培の歴史がある伝統キャベツ「広かんらん」も植え育てています．また，自家採取の「種の交換会」も開催するようになり，地域野菜の個性化や情報交換の場となり，日常生活の悩みや思いを出し合い，予想外のつながりが生まれました．野菜作りの現場では，立場の違いを超えて理解し合うため，直接的なコミュニケーションの場も必要です．地元のお年寄りと子育て世代の女性が農薬を使用するかどうかを巡り対立をしたこともありましたが，話し合って無農薬の有機栽培になりました．現在では，会員が地域のイベントで有機野菜を調理して試食販売しています．

会のネットワークは地元の学校まで広がっています．「広かんらんちゃん焼」（簡単なお好み焼き）を発案し，65年の歴史ある広教育祭で販売し好評を得て，教育功労賞を受賞しました．それは小学校校庭内の畑で，5年生が育てた広かんらんを使って，広かんらんちゃん焼を作り食べることが恒例となったからです．

まちづくりは，地域の特徴あるものから始めるべきと思いがちです．しかし，日本のどこにでもある"おいも"をみんなで育て食べ

写真5　おいもパン・いも丸ちゃん
（おいもを愛する会提供）

ることからはじまった活動が，これほど広がりを持ち住民を動かすのです．分かりやすい活動だからこそ，共鳴する幅は広く，だれでも参加でき，自由に増殖していきます．情報の氾濫に身をゆだね心や身体を軽視しがちで，生身の感覚を得ることが難しい現代では，他者や世界への共有感覚を育むことが容易ではありません．こうした知らない人と直接出会える社交の場の存在の意味は大きいのです．おいもづくりという直接的な活動だから，住民の心を癒してつなぎどこまでもつながるまちづくりという，壮大な妄想さえ軽々と実現できるのではないでしょうか．

　住民の意志でひろがるまちづくりのカタチから，めざすべきコミュニティのあり方を理解していただけたかと思います．

3. 広島県尾道市 NPO 法人「尾道空き家再生プロジェクト」の豊田雅子さん

　長い時間を費やした坂や路地のある町には，空き家が増えて問題になっています．地方の暮らしが車中心の生活となった結果，不便な町は敬遠され，利便性や合理性の追求により，多くの町は似通った個性のない景観になっています．

　広島県尾道市の斜面地は，車が入らず坂を歩いて生活するしかない地域です．映画や小説の舞台に使われてきた情緒あふれる町は人が住まなくなり崩壊して危機に面しています．しかし，近年若者の移住者が増えていることを目にし驚きました．NPO 法人「尾道空き家再生プロジェクト」の代表理事である主婦の豊田雅子さんは，車が入れない斜面地や狭い路地にある空き家を次々に修復し再生する活動に取り組んでいます．信じられないほど勢いがあり，最近では，大規模で誰も手をつけなかった空き家の修復も行い，カフェや居酒屋，世界中からバックパッカーが泊まりに来る宿屋を経営し，商店街の再生と若者の雇用の促進にも挑戦しています．若者が中心となった尾道の空き家再生による地域振興は豊田さんの「型破りの発想力」と多くの「人力」から生まれています．「型破りの発想力」とは，自分のひらめきを信じ，夢や理想をデザインして人を巻き込むパワーのことです．これまでは不可能と思えた空き家に新しい感覚で価値を付加し，共感を広げるローカルデザインを生み出しています．

3.1　世界を旅して尾道の坂の町の魅力に気づく

　尾道は古くから港町として栄え，文人墨客や芸術家，文学者から愛され，美しい斜面地は現在も映画やドラマのロケ地として使われ

第 5 章 日本の再構築　101

写真 6　代表理事の豊田雅子さん（左）

ています．瀬戸内海を望む眺望の良さ，千光寺をはじめとする尾道三山のレトロな落ち着いた雰囲気，石畳や階段，不規則で迷路のように入り組んだ路地など，独創的で立体的な景観の魅力から全国から多くの人が訪れる観光地となっています．

　尾道はまだ車がなかった時代に発展し，尾道三山の寺院が所有している土地に昭和初期当時の豪商たちが別荘「茶園」をこぞって建てたことが始まりです．その後ハイカラな洋館付き住宅や手の込んだ旅館建築，時代が進むと住宅開発が進み長屋や社宅が建ち，さまざまな時代の建物が斜面地にへばりつくように密集して建てられたことから，「建築の博物館」と呼ばれています．

　豊田さんは尾道生まれで，古い建物やモノが好きなところは，長年尾道で美的感性が養われたからではないかと思います．デザインやアートについて関心が高く，高校生の時には美術部の部長を務め，地元の商店街で廃業した風呂屋をリフォームした斬新なカフェやシ

ョップを見て，自分もいつかリ・デザインを手掛けてみたいと思ったといいます．関西の大学で外国語を学んだ後，そのまま大阪で海外旅行の添乗員となり，ヨーロッパを100回以上も訪れています．そこで，土地の材料で築かれ何百年と変わらない建物や，複雑な地形で構成された古い歴史ある町に出会い，スクラップ＆ビルドで地方特有の景観を破壊し，どこの駅に降り立っても何の個性も感じない日本とは全く対照的な町のあり方を肌で感じました．ヨーロッパと日本，大阪と尾道を何度も行き来するたびに，どうして日本のまちづくりは古い建物を崩壊させることになったのかと，疑問を感じ始めました．

3.2 尾道の現状は崩壊寸前だった

戦災を免れた尾道には，戦前の良き時代の名残が残り，貴重な町並みが存在していました．しかし，近年，駅前をはじめとした再開発事業により，尾道にはふさわしくない高層ビルやマンションが建設され，商店街は閉店する店舗が多くシャッター通りとなっています．

豊田さんは，母親の病気を機に帰郷，しかし大好きな魅力満載のはずの坂の町は，斜面地に300軒以上の空き家が廃屋化し，平地の路地裏や商店街の空き店舗も合わせると，駅から2キロメートルの徒歩圏内に500軒近い空き家を抱えていることを知り，このままでは「廃墟の町」になってしまうと危機感をもちました．古い建物が好きな大工の夫と結婚後，尾道の顔である町並みを守りたいと豊田さんは即行動に出ました．空き家をひとつでも2つでも買って修復し町を再生しようと考え，宝くじを買い始めます．当然当たるはずもないのですが，そこから豊田さんの型破りの発想力が発揮されます．

写真7 空き家が存在する尾道の風景
(2011年夏合宿で改修した)

3.3 通称「尾道・ガウディハウス」を買い信用を得る

　現在の建築基準法では，一度解体して更地にしてしまうと，尾道では二度と海が望めるような家を建てることはできないので，いま残っている古民家を丁寧に修繕しながら景観を引き継いでいく方法でしか坂の町を守っていく術はありません．そこで豊田さんは，まず独自の地域資源である景観の重要性を訴えましたが，行政は古さや不便さを理由にその価値を認めようとはしませんでした．全国に先駆けて空き家バンク制度を導入した尾道市も，登録してもらう空き家さえも見つからない開店休業状態で，不動産屋も車の入らない不便な立地の古い物件は取り扱わず，修復費も負担になるため消極的でした．それなら自分で一軒買い取り再生してみせるしかないと，6年間空き家探しを続けた末，運命の一軒と巡り会います．これが

写真8 尾道のガウディハウス

再生第1号となる通称「ガウディハウス」でした．昭和8年に斜面に建てられた築80年の木造2階建てで，映画に何度も登場した有名な建物ですが，25年間空き家となり，地主もどうしていいのか困っていたところを豊田さんが購入します．夫には「スーパーで買い物をするのとは違うぞ」とあきれられたそうですが，この空き家を買ったことで，豊田さんの本気度が地元に伝わり，市民や地元住民からの信頼を得たのです．

2007年，大工の夫とふたりで当時2歳だった幼い双子を抱えながら空き家の再生を始め，同時に「尾道の空き家，再生します」という個人ブログに日々活動を綴っていきました．やがて一主婦のつぶやきが，尾道のみならず全国から賛同を得るようになり，尾道への移住希望者や古い空き家を再生させたい若者から，年間100件を上回る問い合わせが届くまでになりました．これだけ多くの賛同者を得たことで，空き家という資源を活かすにはもっと大きな波をおこし，"尾道スタイル"を確立する必要があると決断，「尾道空き家再生プロジェクト」を同年7月に立ち上げ，2008年にはNPO法人化しました．尾道に思いがある人ならだれでも参加できるようにし，空き家に住み始めた学生や若者，主婦，大学教授や建築士，職人，アーティストといった専門家，若手の経営者など，20～30代のさまざまな若者が集まり，活動が活発化し始めました．

3.4　第2号「北村洋品店」，第3号「三軒家アパートメント」，いまでは第13号を再生する

　第2号物件として，幽霊家といわれていた「北村洋品店」の修復にも着手しました．今度は，職人講師による実技体験のワークショップ「尾道建築塾・再生現場編」を開催して"家づくり"を学ぶ場として広く開放し，多くの参加者を募って再生していきました．ボランティアによる片付けやゴミ出し，空き家に移住して来た若手のアーティストによるデザインが施され，再生後は子連れママの井戸端サロンや NPO の事務所と空き家再生の拠点になって活用されています．

　次に着手したのは，北村洋品店の路地裏にある「三軒家アパートメント」で，10室それぞれに多様な作家やまちづくりを志す若者が入居し，内装をリノベーションし若いクリエイターの拠点になりました．主婦が起業したギャラリーやカフェ，若い漫画家が経営する子どもたちの卓球場やマンガ本図書館などにも再生され，懐かしく楽しいデザインが魅力的です．他にも「尾道空き家再生！　夏合宿」を行い次々と空き家を修理して，坂の町の暮らしを体験できるレンタルハウス「坂の家」にするなど，再生事例だけでも13軒になりました．

　2009年からは尾道市と協働で「空き家バンク」も運営しており，不動産屋も仲間にして利用しやすい窓口へと進化させた結果，4年間で70軒近い若い住まい手が誕生しました．契約成約後も，セルフビルドによる改修の補助や残存荷物の片付けの手伝いなど，移住・定住のサポート体制も整えています．

　豊田さんは，人が住み続けることでしか，自分たちの町や歴史，未来はないと考えています．住み続けるための知恵や工夫から，建築，環境，コミュニティ，観光，アートまで活動範囲を広げ，暮ら

写真9　夏合宿　　　　　　写真10　三軒家アパートメント

しを総合芸術のように捉え展開しています．

3.5　車が入らないなら「人力」という人海戦術がある

　尾道の活動でもう一つ大きな役割を果たすのが「人力」です．斜面地で車が入らないなら「人力」があると，地元の居酒屋グループの若者が「土嚢の会」という名で20〜30人を集め，斜面地での大量のゴミ出しや資材の搬入を人海戦術によるリレー方式で行っています．ときには小学生も参加する楽しい人海戦術からは地域の絆が生まれ，楽しくない力仕事も"遊び"に変えてしまう若者の柔軟性があります．ほかにも，例えば新築不可能な荒れ地は，空き地再生ピクニックというネーミングの下に，若い夫婦を中心に「人力」で子どもの遊び場や花壇，菜園をつくって整備し楽しんでいます．不便な場所での辛い地味な作業ですが，それをいかに楽しくイベント的に盛り上げて，無理なく続ける仕掛けをつくるかが，車の入らない場所における活動のコツだと話します．

3.6　大型再生物件「あなごのねどことあくびカフェ」

　ここ5年間ほどで，移住者・定住者の若者が増えベビーラッシュ

となっています.そこで,移住者や若者の雇用創出問題や,個人では再生維持管理が難しい大型の空き家の再生活用という新たな課題に対して,これからは観光という新たな切り口で取り組もうと豊田さんは考えました.この課題解決に向けて,2012年から,商店街にある奥行きが40メートルもある大型物件の建物再生に取り組みました.宿泊費1泊2,500円の「尾道ゲストハウス あなごのねどこ」という簡易宿泊所をオープンし,外国人や一人旅の若者など,今

写真11 人海戦術による資材搬入リレー
(尾道空き家再生プロジェクト提供)

までになかった客層から新しい観光市場を開拓しています.いまでは特選の全国ゲストハウスマップにも掲載されるほどです.1階には「あくびカフェ」をオープンさせました.2008年に東京から尾道へ移住して,0円の空き家を見つけ暮らし始めた若い漫画家のつるけんたろうさんを中心に,住民や地元大学の卒業生や超Iターンのフランス人や移住者を雇用し,商店街の活性化もめざしています.多彩なメンバーが,つねに知恵と工夫と遊び心をもって取り組むことで,経営や企画が行き詰ることがありません.

豊田さんは,「近代化する都会のまねをするのではなく,それぞれの地域資源を見つめ直し,若者の新しい価値観をもって力強く生き抜いて行く町がひとつでもふたつでも地方に増えることで,日本社会は本当の豊かさを取り戻すのではないかと信じ,尾道というロ

写真12 あくびカフェとあなごのねどこ
(尾道空き家再生プロジェクト提供)

ーカルにとことんこだわって日々活動しています．どこそこの誰々と言えば，すぐに顔が浮かぶ，そんなヒューマンスケールの町が私にとっては非常に心地よく，安心感を覚えます．これが本来あるべき町の形だと感じています」と話します．

3.7 人力と型破りの発想力が未来を拓く

2011年，私のゼミ学生の神田太郎さんが，NPO法人「尾道再生空き家プロジェクト」に興味を持ち，卒論のテーマとして取り組むために尾道市に出かけました．車が使えない不便さこそが町の個性形成となっていると感じ，地域の独創性や個性の重要性を実感し，2012年3月から尾道市で暮らし始めました．豊田さんの考え方「再生へのプロセスを大事にする．業者に頼まず，まず自分たちでやる」に共感し，いまではトイレや風呂場なども自分で修復でき，宿屋やカフェの経営まで行う実力をつけつつあります．

神田さんは，型破りの発想力とは「他者を当事者として巻き込む力，物怖じしない行動力」だと話します．若者は良質な人脈を築くことにより，リスクを恐れず行動を起こし，未来の地域を自分たちのものにしていってほしいものです．

4. 長野県小布施町の市村次夫さんと市村良三さん

小布施町は，長野市中心部から15キロメートル圏に位置する総面積19平方キロメートルの農村地帯で，人口は1万2,000人．四半世紀前には小さな菓子屋が数軒の静かな田舎町でしたが，年間約120万人を超える人びとが訪れる町へと変貌しました．

写真13　神田太郎さん
（尾道空き家再生プロジェクト提供）

小布施町のベルエポックは江戸時代後期で，千曲川の船運と街道を利用した流通が盛んとなり北信濃の経済，文化の中心として栄えました．この賑わいから生まれた豪農・豪商たちは，多数の文人墨客を招き，今に続く文化の薫り高い町の基礎をつくりました．この地域は幕府の天領でしたが，住民の自立心は高く，代官を追放して住民による自治を築いたこともあります．庄屋も住民による公選だったと，小布施町の今日をつくってきた小布施堂社長の市村次夫さんは話します．

4.1　景観の町・小布施町は多様な機能と多彩な空間から生まれる

市村次夫さんの父親である元小布施町長の市村郁夫さんは，隣町須坂市の建築家・宮本忠長さんの才能を得て，「北斎館」や栗の木小学校などクオリティの高い公共建築の基本を建造し，町の品格を景観から示してきた人です．

町の文化遺産のひとつに葛飾北斎が豪商に招かれて描いた肉筆画があり，貴重な北斎の絵が散逸しないようにと，1976年，現在は町の中心ですが，当時は田んぼや畑だった中に「北斎館」を開館し，全国の人をびっくりさせました．「北斎館」をつくったもう一つの理由は，町の宅地開発により新住民が増えたこともあり，新旧住民の融合策として，町の誇りとなるシンボルが必要だと考えたためです．町は精神や文化がないと矜持をもって暮すことができず，コミュニティを継承する意義が生まれないのです．

　現在はこの「北斎館」を核に，歩いて10分の範囲に「小布施堂」「竹風堂」「櫻井甘精堂」などの栗菓子屋が軒を連ね，建築・庭・道が一体化した自然な界隈空間が中心部に広がっています．周辺には寺社の精神空間，民間ミュージアムの文化空間があり，さらに行政が中心となり日本ではじめて取り組んだ住民の「オープンガーデン」が160軒点在します．30年ほど続けられるまちづくりのキーワードは，「北斎」「栗菓子」「まち並み修景」「オープンガーデン」「旦那文化」の5つであり，小布施町の魅力とは多様な機能，多彩な空間が混在しているところにあります．

　市村次夫さんは，「日本のローカルは産地ではあるが，最高の農産物が手に入らない．素材だけのモノカルチャーだから，美味しい料理・製品もなく，食文化がない．町に魅力はないから人も訪ねてこないことになる．ローカルは産地から"王国"に進化しなければならない」，と指摘します．さらに，「日本は都市計画によって工場を町の外に出して，製造と商店を分離してしまったことが失敗だ．小さな町でも多様な要素を混在させ，町の魅力を創造していかなくてはいけない」とも続けます．こうした考え方で，30年以上まちづくりをしてきた結果，文化芸術・工業・商業・住宅などの多様な機能と空間の多層性が小布施町の景観の魅力を作りだしました．ロ

写真 14　北斎館　　　　　　写真 15　市村次夫さん
（小布施町提供）　　　　　　　（白井亮氏提供）

ーカルには文化性がないと退屈な町になります．情報発信は必要と言いますが，次夫さんは「情報は発生させることが大事で，情報を発生させるクリエイティブな人が絶えず訪れる町にならなくてはいけない」と，町の旦那の役割を断言します．

4.2　町の主役は誰なのか

　小布施町の景観のまちづくりの第一の成功要因は，まず 1986 年，行政と住民が一緒になりまちづくりの指針「環境デザイン協力基準」を定め，1990 年に「住まいづくりマニュアル」を作成して修景事業を開始したことです．住民の間に「外はみんなのもの，内は自分たちのもの」という町の公共空間へのより鮮明な意識が生まれ定着したことによります．こうした先進的な取り組みの背景には，市村次夫さんのような旦那衆が町の歴史から学んだ知恵があります．

　1980 年から 87 年，老舗菓子屋「小布施堂」の旦那の次夫さんや住民と，現在の町長・市村良三さんをはじめ行政との協働による「小布施町まち並み修景事業」として，日本の伝統に新しいデザインを融合させた界隈空間を日本ではじめて誕生させました．建築，庭，道を一体の公共景観と定義し，暮らす人の視点に立ち，小布施

写真16 市村良三町長
(小布施町提供)

堂界隈のまち並みを美しく再構築した事業で，行政，個人，法人と立場の違った地権者が対等な立場で話し合いを重ね，土地の交換あるいは賃貸により，双方に利のある配置換えを行いました．国からの補助金などに頼ることなく，住む人主体で新旧建築物の調和する美しいまち並みをつくる新しい方法は「小布施方式」と呼ばれ高く評価されました．

2008年から取り組んだ国道403号の改修整備では，前例にとらわれず，住民の生活と小布施町にふさわしい景観を第一義に話し合ってきました．住民は，道路が町を分断しコミュニティを崩壊させることや，等間隔の街路樹や照明器具が景観を同質化させることは，小布施の資産価値を下げると主張しました．「道路は車が主役だが，道は人が主役，小布施は立ち話しができるヒューマンスケールの町でありたい」と，車線の拡張に反対し，歩道と庭を一体的にデザインし，等間隔の街路樹や照明器具は設置しないことを求めました．計画から2年，県も同意をし，これから建設が始まることになります．

4.3 町に課題が出たら必ず解決する伝統

第二の要因は，旦那衆が知恵とお金を出して，町の問題を必ず解決してきた江戸時代からの伝統です．かつてはどの町でも旦那衆が

第 5 章　日本の再構築　113

写真 17　まち並み修景事業「栗の小径」

写真 18　浄光寺のスラックライン
(小布施町提供)

存在していましたが，小布施町ではそれがいまも機能していることが住民のまちづくりへの関心と責任につながっています．

第三の要因は，積極的な町外からの優良資本の導入であり，地元に貢献度の高い企業でなければたとえ大手優良資本であっても誘致しないとする明快な行政の姿勢です．2010年1月から行われた第二修景事業では，町外の優良資本として伊那食品工業を誘致し，町に唯一残る茅葺き民家の改修と緑溢れる庭を整備し，企業の社会貢献への評価と共に，町の景観も向上させ，地域資産価値も高めることに成功しています．今後も町外の優良資本を積極的に取り入れることを視野に入れ，食品スーパーの誘致を行い，幸せな住民の生活を実現することに一貫して取り組んでいます．小布施町は，行政と住民の2者の協働ではもう足りないと断言しています．これに加えて地元企業，町外の優良企業，大学の5者の協働を意図的に導入していることも新しい地域のあり方です．

4.4 農村振興は農業だけではない

近年，町の周辺部にクラフトやギャラリー空間，味わい空間が広がりをみせていました．それが最近では，若者が自分たちのレクリエーションの場を町の周縁部に求め始めています．

小布施町も他市町村同様，中心部に比べ周辺農村部振興が手薄で，活性化の方法を模索しています．町中心から離れている町営「千曲川ハイウェイミュージアム」の経営は赤字続き，里山の農業地域では獣害が深刻な課題でした．そこに最近，若者がレクリエーションの場を創造し変化が生まれました．きっかけは，地元の若者のために町が農村部にスノーボード競技場「小布施キングス」を支援整備し若者で賑わったことに始まります．これに続き，浄光寺の若き副住職の林映寿さんが，地元の企業を中心に寄付金を集め，まだマイ

ナーなスポーツである「スラックライン（専用ラインの上で楽しむスポーツ）」用施設をいち早く整備し無料で開放，地元の小中学生や住民たちが集う拠点をつくり上げました．里山に上がる歓声は，悩まされた獣害の減少に繋がりました．スラックラインの常設国内競技場は現在，東京や神戸に次ぎ小布施町の3カ所だけで，日本オープンスラックライン選手権大会が2014年9月に小布施町で開催され，地元はジュニアクラスで第3位，特別賞まで受賞しました．

写真19　小布施オープンオアシスのボルダリング

「千曲川ハイウェイミュージアム」は用途を変更し，小布施町観光協会会長でもある本吉乃川・松葉屋本店の若き経営者の市川博之さんが，若者に人気のあるボルダリングの施設「小布施オープンオアシス」として，2014年7月に改装オープンさせ，休日には入場制限をするほど人気を集める場所に生まれ変わりました．「農村部だからと農業だけで振興する必要はなく，常識に捉われない自由な発想で農村を活性化する時代」と市村良三町長は語り，若い住民を励まし応援します．

　小布施町では，若い人が新しいアイデアを出したのがたまたまスポーツで，行政が支援することで小さな事業は信用度を増し支持を得たのです．ここに第四の小布施町の成功の要因があります．ほとんどの町民が若い人のまちづくりへの挑戦を応援します．これも小

布施の持つ伝統であり風土です．小布施のまちづくりが，多層性や開放性を持っている意義は大きいのです．

また2012年から，ダボス会議のような国際会議を小布施でと，「小布施若者会議」が開催され，都市農村交流を定住人口につなげる実験も話題となっています．自発的に都会の大学生が発想し，町ではこの経費の一部を予算化しています．2013年から，1週間の高校生向けサマースクールが行われ，ハーバード大学の学生をはじめ海外の大学生による少人数授業を行い，大学生・社会人と真剣に向き合う対話の場も生まれています．大学生たちは，自らを「小布施の第2町民だ」と語るようになり，新しいまちづくりは，想像もしていなかった世界へと展開し始めています．

5. ローカルデザインは
コミュニティの元気から生み出される

日本の再構築は，コミュニティが元気になることによって可能だと理解していただけたと思います．コミュニティを元気にする力は住民自身の意識の高さとデザイン力にあり，これをローカルデザインと言います．

ローカルデザインを定義すると，「地域の景観や産物の形態デザインにとどまらず，伝統文化や工藝，より豊かな暮らしを求める人々の自然を観る力，創意工夫や格闘，ユーモア，そこから生まれる人の営み，プロダクツの中に現れてくる力強い地域個性の凝集・表出作用のこと」といえます．それは固定的なものではなく，時間を内包しながら時代とともに変化していくものです．私たちがいまどんな時代に立ち，どんな価値観をもって，どんな未来のヴィジョンをもって生きているのかを，地域から社会に伝えるための磨かれた表現方法といえます．

地域は日々メディアによって，新しく解釈され，ローカルデザインも新しく解釈されます．伝統と現代の融合や革新から地域に新しいデザインが誕生し，デザインされたモノやコト，時間や空間は，人びとに選ばれ長く愛され使用されることで，ローカルの新文脈と価値を創造していきます．ローカルデザインは生活の中でより磨かれることで，価値を高め世界が評価するようになって，ブランドとなり地域に誇りと経済を生み出します．

尾道市や小布施町の住民は，独特のクオリティの高い景観が地域の資産価値を高めることを知っていて，町独自の個性を磨き上げ，物心両面で外部の新しい支援を積極的に取り込んでいます．景観とともに若者の夢や希望を叶えていくことによって地域の資産価値は高まり，未来の都市のゆくえはそこにかかっているのです．

住民によるアイデアが人々に愛されるには，分かりやすいだけでなく，親切，丁寧，繊細，そしてユーモアがあることがポイントです．呉市のおいもを愛する会の活動はまさに，ほかの地域にある前例や既成概念から自由になり，邪心のない伸びやかな展開から，豊かな表現を生み，共感から多くの人のつながりが生まれます．こうしたローカルデザインによって，地域への認識が深まり，いっそう愛着が深まります．

［文献］

鈴木輝隆，2014，「ローカルデザインと地域振興──「おいもを愛する会」の妄想力」『森林レクレーション』No.321，全国レクリエーション協会：4-7．

─────，2014，「ローカルデザインと地域振興（その2）──「尾道空き家再生プロジェクト」の「人力」と「勝手力」『森林レクレーション』No.322　全国レクリエーション協会：4-7．

─────，2014，「「意志あるまちづくり」から資産価値の創造へ──長野

県小布施町の試み」『新建築』新建築社:191.

Fieldwork
訪ねてほしいフィールド

北海道東川町

東川町はユニークな政策を展開する魅力的な町です．交通の利便性は良く，旭川空港から7キロ，旭川市まで13キロです．雄大な大雪山を背景に，登山やスキー，良質な温泉が有名ですが，「水道のない町」としても知られています．大自然が蓄えた雪解け水がゆっくりと運ばれて，水道の蛇口からは天然の地下水が溢れ，生活用水として全家庭が利用しています．「大雪旭岳源水」の水温は1年を通じて約7度を保ち，毎分4,600リットルもの水が湧き出ています．また，良質な地下水により，東川米をはじめ，農作物がうまいと定評があります．

写真　大雪旭岳源水
(砺波周平氏提供)

町は1985年，「写真の町」を宣言し，写真写りの良い町・人・モノづくりをめざしています．「東川町フォトフェスタ」や「写真甲子園」などに，全国や世界から多くの人が集い，写真を通じて人と人との出会い・交流を深めています．写真甲子園は21回（初戦応募521校）を迎え，世界的な「写真の町東川賞」も実施し，写真の町として有名になりました．2014年春には，「写真文化首都」を宣言し，写真文化に取り組んでいる世界の町とネットワークしてさらなる活

写真 ニセウコロコロ
(砺波周平氏提供)

性化を図ろうとしています.

　大雪山を望む美しい風景に惹かれ,木工クラフトや陶芸など,創作活動に励む人の移住も多く,アトリエやギャラリーが点在し,町全体にアートな空気が流れています.とくに木工業が盛んで多くの家具職人が集う町でもあります.

　教育への取組みも先進的で,幼保一元化施設「東川町幼児センター」や,2014年10月にオープンした新しい東川小学校は,学校と町民グランドが一体化され,敷地は全体で4ha,野球場,陸上競技場,草のサッカー場,人工芝のサッカー場など広大なグランドの背景には大雪山連峰が聳え立つ眺めの良い場所にあります.校舎は木の香り漂う開放的な全長250mの平屋建てで,全校生徒は300名と,うらやましい環境です.この町で生まれた子どもには,町内の家具職人が道産材で作り上げた木製の「君の椅子」が贈呈されます.子どもの成長を温かく見守る椅子には名前と出生日を刻印してあります.椅子だけではなく,新しい命の誕生のメモリアルな瞬間をいつまでも残すべく,町独自の「出生届」を採用し,婚姻届も町独自のデザインで,これが欲しいと全国から直接届けに訪れます.

　こうした政策もあり,移住者が増加傾向にあります.土地開発公社の分譲用地販売が行われ,大雪山の山並みと調和するゆとりと潤いのある住宅

景観をめざした「東川風住宅」設計指針を作成し，屋根の形や色，外壁の色，住宅の高さや配置，緑地率などを定めています．そして，町の景観住宅の認定を受け住宅を建築する場合は，付属建築物等の建築補助など町独自の助成制度が受けられます．さらに中国などから，日本語を学びに1年間の長期留学生なども受け入れ始め，今年にも人口は7,000人台から8,000人台に達しようとしています．

　小さな町ですが，アウトドアショップも数多くあり，カフェやベーカリーなどの飲食店も，個性派の店が続々オープンするのは，大自然が育む清らかな水，水が育む食材に惹かれてのことだと思います．

　東川町クラフト街道の奥にある「北の住まい設計社」は，廃校となった小学校をうまく活用し，デザインの良い丁寧な手作り家具を製造しています．店舗にはこの家具に似合う北欧などのクラフトや生活雑貨，さらに美味しい石窯のパンの製造販売，家具を使用したシンプルなカフェも人気です．北の住まい設計社の手による，旭岳を望む広大な敷地に建つ小さなゲストハウス「ニセウコロコロ」は，シンプルなB&Bスタイルの宿です．こうした優れたデザインの木造の住宅建設は住宅地にも数多くあり，日本の北国の独自のライフスタイルを築きつつあります．

　東川町は水，農業，教育を大切にし，生活文化，工芸文化，食文化が見える景観を創造し，「町の意志が感じられる町」として，日本が世界に誇れるまちづくりをしています．ぜひ，東川町を訪ねてみてください．

Book Guide
• • • • • • • • • • •

ニッポンの風景をつくりなおせ

梅原　真著
羽鳥書店，2010

　デザイナーは独善的であることも時には必要で，一方，人を喜ばせよう，驚かせようというサービス精神も大切です．高知のデザイナー梅原真さんの生み出すデザインは，商品という枠を越え，人や地域をひっくるめて自分の暮らしを楽しんでいこうよというメッセージであり，社会性を持っています．

　彼は一次産業の産物という以上に，地域の文化を表現しデザインしています．この本のタイトル「ニッポンの風景をつくりなおせ」とは，ニッポンの"価値"をつくりなおせという意味ではないでしょうか．それまで規模や斬新さを競うように各地で建てられた美術館群に対し，「そんなもん，いらん，いらん」とその価値に疑問を投げかけ，高知県黒潮町では，むしろ地域にしかない自然の美しい素晴らしい砂浜を「砂浜美術館」と名付け，うちは作った美術館なんて必要ありませんからと，ユーモアをもって独自の価値を外に示しました．

　彼が貫くデザインとは，想像力から生みだすアイデアとストレートなコミュニケーション，地域の課題を独自価値や文化に変える創造力です．地域のことを，地域の人が集まって決めていくことは民主的に見えますが，それだけでは前例主義で，凡庸なものに絶対な価値を付けようとしているに過ぎないことになりかね

ません.

　この本を読むと，そこにはクリエイティブな"ユーモア"が必要だと教えてくれます．社会や地域の課題を，愛嬌あるユーモアにのせることで笑いや喜びに変え，その価値を人や社会に響かせ，ともにシェアする喜びに変えていく力があります．優れたデザインは社会性を持つのです．梅原さんは一次産業の風景を守らなきゃいけないと主張します．表現にアイデアとユーモアがあるから，受けとる側は嫌味なく受け取れます．

　成熟化社会は，クリエイティブな文化が必要な時代です．デザインの力は，多くの人を喜ばせながら社会の課題を解決できることにあると，この本を読むと理解できると思います．

第6章

住宅地が観光地になるとき
レジャー論から着地型観光のかたちを探る

土屋　薫

写真1　オープンガーデンの看板を掲げる流山市内のお宅

1. はじめに

　この章は，既存の住宅地を開発して歓楽街やレジャーランドをつくることを勧めるものではありません．レジャーや遊びという視点から考えたとき，これからの社会のあり方や多くのひとの求めているものが見えてくる．そのことによって，これからの幸せのかたちがイメージできるようになる．それと観光とがどのようなかたちで結びついてくるのか．そうしたことについて考えていただくために書かれたものです．

2. レジャーとは何か

　私が専門としているレジャーや遊びとは，研究したり教えたりしようとすると，実にやっかいで扱いにくいものです．「遊び半分」とは「いいかげん」や「無責任」と同じような意味あいで使われますし，「レジャーを研究しています」と言うと，「ずいぶん楽しそうなテーマですね」とか「さぞかしおもしろい毎日なのでしょうね」と言われたりします．またそもそも，考える対象として扱われていなかったりもします．それは，誰もが経験を持ち，また自分の実感に基づいて意見できる分野だからです．誰もがわかった気になっているからこそ，意見はすれ違うし，そもそも食い違っていること自体に気づかなかったりするのです．
　たとえば，レジャーのことを「自由時間」として定義するとします．するとすぐに，「『自由な』時間て何なんだ？」という疑問が立ちはだかります．「それは『非労働時間』のことだ」とすると，正規雇用と非正規雇用での条件の違いを考慮に入れなければなりませ

んし，切実さという意味で，アルバイトをしている学生にどこまでわかってもらえるか，わかりません．第一，家庭内労働という視点もきちんと位置づけなければなりません．あるいは，「サービス残業」のようなあり方にも目を向けなければなりません．そこまで言わなくても，家に持ち帰って行う次の日の仕事の準備や，次の日の仕事のために自分のやりたいことをセーブして静養することは，仕事のうちに入らないのでしょうか．

　労働ではなく，「非拘束時間」とすれば，もう少し話が簡単になるでしょうか．

　睡眠やトイレに行く時間は自由時間ではないことになります．では，事故等の何らかの不都合で列車が止まってしまい，車内や駅のホームで立ち往生してしまったとしたら，どうでしょう．また友達と待ち合わせをして待たされる時間はどうなのでしょうか．イレギュラーに起こることは例外として取り除く，とすればいいかもしれませんが，考える前にずいぶんと条件が多くなってしまいます．時間の側面からレジャーについて整理するのは得策でないかもしれません．

　そうではないとすると，次に考えられるのは，活動の側面からレジャーをとらえることでしょう．「レジャー活動」という言葉は，日常生活でもごく一般的に使われていることと思います．

　たとえば，「釣り」をレジャーとして「認定」することとしましょう．釣り堀や鮎やイワナ・ヤマメを狙った渓流釣り，プレジャーボートで繰り出す海釣りもあります．レジャーとしてずいぶん楽しそうです．ただそれでは，カツオの一本釣りを行っている漁師さんのやっていることは何になるのでしょうか．たとえ同じ種類の魚を釣るとしても，あるときにはレジャーになり，あるときには仕事になってしまう．このことは陸の上でも，趣味のハンティングと生計

を立てるための狩猟という具合に問題となります．あるいは，歌うことは，歌手にとっては仕事になりますが，カラオケで楽しむときには趣味のレジャー活動となります．どうやら，このやり方も万全ではないようです．

　要は気持ちの問題だ，と考えるとどうでしょうか．ひとつには，レジャーは各個人・銘々・人それぞれの問題ということになり，皆が言いたいことを言っておしまい，ということになりかねません．またもうひとつには，精神性といった問題も絡んできて，哲学の本を読むことは大変立派なことなので，レジャーとして扱う「べき」で，コミックスを読むことは程度が低いのでレジャーとして扱う「べきではない」といった議論とも向き合わなければなりません．クラシック音楽の鑑賞は豊かなことで，テレビの前でゴロ寝をしていることは貧しくて恥ずかしいことだ，という議論もこれに連なってきます．

　それでは一体どうすればレジャーのことを考えることができるのでしょうか．

　ここで，レジャーという言葉に着目してみましょう．ヒントになるのがその語源です．もちろん日本語のレジャーという言葉は外来語で，1960年代から徐々に使われるようになって日本に定着したといわれています．これはもちろん英語の"leisure"という言葉に由来するものです．問題は，その"leisure"という英語の言葉がどこから来たのか，ということです．リチャード・クラウスによれば，ラテン語の"licere"を語源としていると言われています（Kraus [1971] 1990）．

　そして，同じくこの"licere"を語源にしたものに"license"という言葉があります．これは「ライセンス」つまり免許のことです．結論から申しますと，同じ言葉を語源にした兄弟の言葉である「レ

ジャー」と「ライセンス」には，意味の共通した部分があるのではないか，ということです．松田義幸によれば，レジャーとは，「能力を身につけた人間に与えられる心の自由」として理解できるわけです（松田 1996）．ただしこのままでは，普段私たちが使っているレジャーという言葉が持つ一般的なイメージとつながってきません．また，どのような能力が関わってくるのか，ということも見えてきません．

3. 遊びとは何か

そこで次には，今ひとつ手詰まりなレジャーの定義づけについて，そのヒントを遊びに関する議論に求めてみましょう．なぜなら，日常生活において，私たちはレジャーと遊びという言葉をほぼ同じ意味として用いることが多いからです．

遊びに関する議論を提起した人に，ヨハン・ホイジンガ（Johan Huizinga: 1872〜1945）という人がいます．ホイジンガは，その名も『ホモ・ルーデンス』という著作で，遊びの意味について語っています（「ホモ・ルーデンス」とは，ラテン語で「遊ぶ人」という意味になります）．すなわち，人間の本質は遊ぶことの中にある，というのです．ホイジンガによれば，遊びはそれ自体が目的なのです．人間というものは，何かの理由や目的があって遊ぶのではなく，「遊びたいから」いいかえれば「それが楽しいから」遊ぶと言うのです．

遊びは自由な行動で，一時的に利害が停止され，時間と空間が限定された中で，緊張感を維持しつつ，それ固有のルールの中で展開されるものだ，と言うのです（Huizinga 1938=1984）．なるほど，この固有のルールを身につけた人だけが，遊びにおける自由な境地を手

に入れられる，ということがわかります．

　それでは，ここで言う「固有のルール」とは，どのように決まってくるのでしょうか．ホイジンガの議論を進めて，遊びの概念をさらに整理した人にロジェ・カイヨワ（Roger Caillois: 1913〜1978）という社会学者がいます．

　カイヨワはまず，人間生活を聖なるものと俗なるものの2つに分けてとらえようとしたデュルケム（Émile Durkheim: 1858〜1917）の議論を発展させました．聖なるものには，表面的な善悪を超えて，一度ひっくりかえすことによって日常を再生させる働きがある，と言うのです．このカイヨワの見方によれば，祭りも戦争も同じで，聖なるものの2つの現れ方の違いに過ぎない，と言うのです（Caillois 1939=1994）．

　こうした議論ののち，カイヨワは遊びについて整理していきました．そして遊びを4つに分類したのです（Caillois 1958=1990）．すなわち，遊びを競争（スポーツ）・偶然（ルーレット，宝くじ等）・模擬（ものまね，演劇等）・眩暈（めまい，スキー等）という4つのタイプに分け，それぞれの特質すなわち固有のルールにあたるものを説明しました．この考えに沿えば，スポーツも映画もテーマパークのアトラクションも遊びであるし，それを成り立たせているルールに身を任せることではじめて楽しめることがわかります．

　さらにカイヨワは，先に挙げた「聖なるものと俗なるもの」のどちらからも独立したものとして遊びを位置づけようとしました．日常世界そのものである「俗なるもの」と，それが硬直化したときにひっくりかえして再生させようとする「聖なるもの」．その両者の振幅の中だけでは現代社会はおさまらなくなってきた，ということです．いいかえれば，社会が社会としてまとまっていくために遊びは欠かせないものだ，ということになります．

それでは，いったい遊びのどこにそのような力があるのでしょうか．

4. レジャー産業から見た現代社会のしくみ

現代社会を説明する切り口として「産業社会」というとらえ方があります．現代社会を成り立たせているしくみとして，様々な技術が組み合わさって，私たちの生活にとってなくてはならない存在になっている状態を指している，と言ってもいいと思います（今道 1980）．

この産業社会の原点にあるのが産業革命です．蒸気機関に代表されるような発明＝技術革新が積み重なって，それまでとは比較にならないくらい飛躍的に生産手段が増大したことを指して産業革命と言うわけですが，実はこれが社会そのもののあり方を根本的に変えてしまいました．

「産業化」（＝工業化）と言うと，まず真っ先に，ベルトコンベアーによって生産ラインをつくり，「Ｔ型フォード車」を大量生産していくところから名づけられた「フォード主義（フォーディズム）」のことが頭に浮かぶと思います．また，産業革命によって産業化が進むということは，同じ時間に同じ工場に通える範囲内にたくさんの人が住む必要が出てきて「都市化」が進むことを意味します．ただ，たくさんつくられた製品がどんどん売買されるためには，そのためのしくみも必要でした．「消費社会」が成立するためには，つくるだけでなく，製品を売るための環境整備も必要だったのです．

19世紀から20世紀にかけて，こうした消費に関わるしくみとして機能したのが万国博覧会というイベントでした．1851年に開かれた第1回のロンドン万博では，単純計算で当時のイギリス国民の

5人に1人が会場を訪れた,と言います(村岡・川北編 2003, 松村 2000).そして,この万博の動向に目をつけたアリスティッド・ブシコー(Aristied Boucicoud: 1810〜1877)という人物が,パリに「ボン・マルシェ」(Le Bon Marche: 1852〜)という,今で言うデパート(百貨店)の前身にあたるものをつくったのでした.

根本祐二によれば,いま,レジャー施設の中で最もメジャーな施設であるテーマパークも,その原理からすると,映画館の延長線上にある施設で,アトラクションで生じた興奮や感動・共感を売店やレストランで吸収する,という大掛かりなデパートとしてとらえることができます(根本 1990).つまり,年間の利用者数が 2000 万人を超え,リピート率も9割を超えるようなテーマパークが稼働しているということは,私たちはまだまだ消費社会の中にどっぷり漬かっていることを意味するのではないでしょうか.

5. 消費のしくみから遊びについて考える

先にカイヨワのところで挙げた「聖なるもの」の役割について,レジャー研究の立場から考えた人がいます.ドイツの哲学者であり神学者であったヨゼフ・ピーパー(Josef Pieper: 1904〜1997)という人です.

ピーパーによれば,レジャーは実益と結びつくことなく,何ものにも侵害されないもので,レジャーが成立する純粋なかたちとして祝祭の場を挙げています(Pieper 1965=1988).そして,ドイツ語の「文化」(kultur)は「礼拝」(kult)に根ざすものだとして,レジャーこそ文化の基礎にあるものだ,と言っています.こうしたピーパーの考え方について,ピーパー自身が引用したプラトンの言葉から,松田は祝祭と商業祭を比較したモデルをつくっています(松田編

1987).このモデルによれば,かつての祝祭の場では,ギリシャ神話の神々とギリシャ市民が文化的価値を創造し享受していたことになります.それに対して,現在の商業祭(イベント)の場は,企業と消費者が単に製品を売買する場になってしまったことがわかります.

このモデルを参考にすると,現代社会における遊びのしくみについて,考える手がかりを得ることができます.かつての祝祭の場では,人々が非日常の場を提供することで神々から具体的な奇跡や神話を手にして,文化的な価値を手に入れていました (図1).それが商業祭(イベント)の場になると,消費者と企業が,金銭と商品(あるいは商品が持つブランド力)とを交換することになります.そして便利さを享受することになるのです (図2).さらに一時的な商業祭(イベント)の場が,デパートやモール,テーマパークといった恒久的な施設になると,利用客がレジャー施設との間に,時間と体験を交換して,感動や共感を手に入れることになります (図3).

ここで重要なことは,何と何を交換して,何を手に入れるのか,ということです.そこで,「遊びとは何か」のところ挙げた「聖なるものと俗なるもの」に関する議論を思い出してみましょう.

祝祭は「聖なるもの」,商業祭(イベント)は「俗なるもの」,そしてテーマパークは「遊び」に対応したモデルとなります.日常を再生させるという目的に応じて,何と何を交換するのか,というところで,三者に違いが出てくるわけです.いいかえれば,レジャーと消費に着目すると,聖なるものと俗なるものと遊びの間に,交換過程という共通項が見出せることがわかります.

さらにもう1歩踏み込むと,「俗なるもの」における交換過程においてのみ,金銭・商品・便利さといった具体的かつ細分化された要素と目的が求められています.ここで言う便利さとは,ヨゼフ・

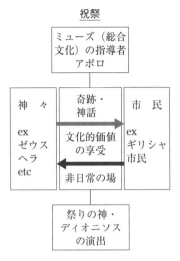

図1 祝祭における交換モデル
出典:松田義幸編集『ゆとりについて』
誠文堂新光社（1987）p.63 に加筆修正

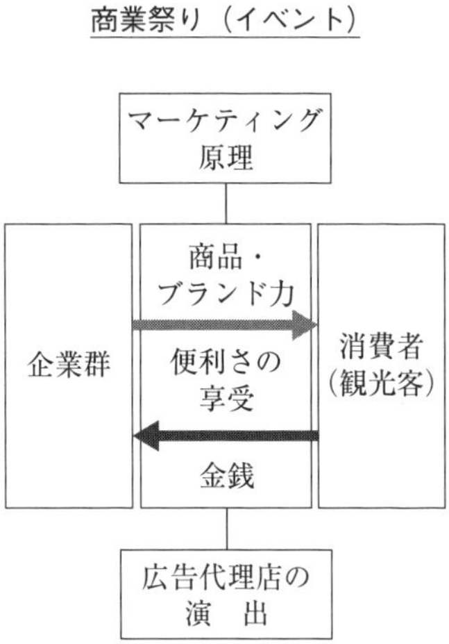

図2 商業祭（イベント）における交換モデル
出典:同左，p.63 に加筆修正

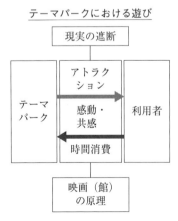

図3 遊びにおける交換モデル

ピーパーの言葉で言えば「実益」ということになるかと思います．これに引きかえ，「聖なるもの」の場合は細分化し得ないもの同士の交換になりますし，文化の価値という細分化し得ない（＝実益として特定できない）ものが目的となっています．また遊びの場合は，時間消費やアトラクションの体験といった具体的なものの交換ではありますが，「感動や共感」という細分化し得ないものを目的としています．

　遊びは，時間と体験という具体的なもの同士の交換ゆえに緊張感が維持されるし，実益を目的としていないからこそ「没頭」でき，嫌なことを忘れ，日常を再生できる，いいかえればストレスを解消できるのではないでしょうか．

6. 住宅地は観光のフィールドになるか

　ここでようやく観光の話題になります．

　観光も重要なレジャーの1つではありますが，通常観光業と言うと，ホテルや旅館のような宿泊業や飲食店，特産品を扱う土産物屋といったものが思い浮かぶと思います．ただ，語源にある通り，ある土地の価値あるもの（「国の光」）を観ることが観光という行為の基本だとすると，忘れてはならないことがあります．それは，そうした地域に独自の価値あるものをつくり守り育ててきた人たちの存在です．観光とは，観光客と「業者」だけではなく，その地域の住民も関わってはじめて成り立つものと言うことができます．

　これまでの観光業は，大衆消費社会のあり方に沿って「マス・ツーリズム」と呼ばれていました．わかりすく言えば，団体旅行やパック旅行と言われるものがそれにあたります．デパートにおけるセール商品のように，薄利多売のしくみで動いていたわけです．こう

した観光のかたちを「発地型観光」と言います．「発地」とは出発地を省略した言葉で，出発地側すなわち観光客を中心に旅行のプログラムを組み立てていく発想です．これは旅行に行くこと自体を楽しみにしている人が多い場合には喜ばれます．観光客の側からすれば，多少，宿や食事，交通の条件が悪くても，行けるだけでうれしいですし，観光地の側もそれなりに対応していれば，それで良かったわけです．

　ところが，多くの人が旅行に出かけた経験を持つようになった場合，たとえば現在の日本社会のような場合，条件が悪いと満足できない顧客が出てくるようになります．すると，企画を立てる側の旅行代理店では，「あの手この手」を使って満足してもらおうとがんばります．顧客側の条件を良くするか（これは現地側の条件を悪くすることを意味します），付加価値をつけて，簡単に言えば，オマケを上乗せして満足してもらおうと思うわけです．しかしながら，こういうのは「条件闘争」と言って，がまんくらべになってしまいます．最終的にはがまんできない人（業者）が抜ける（やめる）ことで，当分の間，ほかがホッとするだけです．そして「誰もいなくなって」しまうこともめずらしくありません．

　それではどうしたらいいのでしょうか．

　逆転の発想で，観光地の良いものが最も良く見えるように旅行の企画を立ち上げていこう，という考え方が「着地型観光」と呼ばれています．ここで言う「着地」とは「到着地」すなわち観光地，観光の現場のことです．観光地がベストなパフォーマンスを発揮できるように逆算して考えていく，ということです．その際に重要な役割を担うのが，地域住民のみなさま，ということになります．地域のことを熟知しているからこそ，プログラムにおいて主導的な役割を担うことができるわけです．

だとすると，地域が持つ価値に主体的に関わろうとしている住民の多いことが，観光地として大切な要件になってきます．極端な言い方をすれば，古くからの遺産に「あぐら」をかいている落ち目の観光地よりも，住んでいる方々が現在進行形で何かをつくり出そうとしているところの方が，魅力ある観光地としての資質を持っていることになります．

そこで，この章のタイトルにもある「住宅地」の登場です．

7. 流山は観光地になるか

江戸川大学のある流山市は，千葉県の東葛エリアに位置し，東は柏市，南は松戸市，西は江戸川，北は野田市と接しています．そして，2005年8月のつくばエクスプレスの開業によって，都心まで30分とかからないベッドタウンとしての条件を手に入れました．そして，都心へ通勤するいわゆる「新住民」が移り住んできたことを背景として，「都心から一番近い森のまち」というキャッチフレーズを掲げて緑のまちづくりを実現しようとしているのです．

市ではその一環として，「流山グリーンチェーン戦略」という施策を打ち出しました．これは，各家庭で，道に面した敷地に木陰ができるような木を植えてもらい，あわせて風の通り道も確保することでヒートアイランド対策にしようとするものです．またこれは，庭の手入れを通じて地域のコミュニティをつくり出そうとするねらいもありました．

その波及効果として挙げられるものに，ガーデニングコンテストの入賞者を中心として発足したガーデニングクラブ「花恋人（カレント）」の活動があります．このクラブは2005年に発足して以来，毎年期日を限定してオープンガーデンを催しているのです．

このオープンガーデンというのは，イギリスに起源を持つもので，1924年にチャリティーのために私庭が公開されたのが始まりと言われています．日本でオープンガーデンと言えば，無料で自宅の庭を公開するかたちがほとんどで，1990年代以降，とりわけガーデニングという言葉が社会に定着してから，少しずつ増え，地域で組織的に行われている以外にも，冊子で全国的に公開されている個人庭は138に及んでいます（2013年現在）．

　オープンガーデンの難しいところは，会場となる庭が普段は全く普通の民家のお庭だというところにあります．必ずしも飲食店やコンビニエンスストアが近くにあるわけではなく，もちろん誰でも使えるトイレが完備されているわけではありません．また各種のレジャー施設のように，街中に案内サインが立つこともありません．個人情報を悪用されるおそれもあり，住所や電話番号，地図といったものをどこまで詳しく公開するか，といった問題も出てきます．

　そうすると，当然，お庭を見に出かけてきたひとが迷子になったり，具合が悪くなって困ってしまうことも出てくるわけです．

　ここに素敵なお庭がある．最寄りの駅からは少し離れていて，しかも必ずしも道順がわかりやすいわけではない．さあ，みなさんならどうしますか．こうした問題をひとつひとつていねいに解決していく，ということが，先に挙げた着地型観光のひとつのかたちなのです．

8. 問題は簡単には解決できない

　流山では，2005年に夏と秋の2回開かれて以来，2006年からは毎年1回春にオープンガーデンが開催されています．毎年30軒から40軒のお宅が3日間にわたってお庭の見学をさせてくれていま

す.

　みなさんは,そんなに騒ぐほどのことではない,と思っていらっしゃるかもしれません.のんびりマイペースでお客様の相手をすればいい,と思っていらっしゃるかもしれません.ただ,静かな住宅地の中,1日に300人以上もの方が訪れることを想像してみてください.実際に流山でオープンガーデンを実施しているお庭の中には,そんなお宅が何軒もあるのです.多いときには常に数十名の見知らぬ方が自分の家の庭を散策していることになります.その方達は突然家の前に空から降り立つわけではありませんから,ご近所は1日中ざわめきに包まれることになります.うっかり自家用車でいらした方が駐車スペースを探して右往左往することもしばしばです.

　こうなってくると,のんびり「緑のまちづくり」とも言っていられません.誰がどのように困っているのか.どうしたいひとがいつどれだけどこにいるのか.まず,そういったことをしっかりと把握していく必要があります.そしてそれに応じた対策を立てていかなければなりません.しかも,それは早いに越したことはありません.

　そうした意味で,私の研究室ではほかの研究室と協力しながら,オープンガーデンの来訪者調査とお庭のオーナーの意向調査を始めました.また,ごく一部のエリアですが動線調査を試みました.見にいらした方が何を求めているのか,お見せする側が何を思っているのか,両者の思いが重なれば,それが一番良いことですし,困っていることがはっきりできると良いと思ったからです.

　その中で,実際に道案内の役に立てばと思い,スマートフォンを使った位置情報提供および経路案内プログラムを試作して社会実験を行ってみました.ただ,この試みはうまくいきませんでした.実験の結果,今のところ,オープンガーデン来訪者はシニア世代が中心でスマートフォンに馴染んでいなかったこと,またひとは必ずし

も地図を見ることが得意な人ばかりではない，ということがわかったからです．これと関係して，オープンガーデンを実施されるオーナーの方の年齢から来るストレスや世代交代の問題も見えてきました．

また，5. で見た交換モデルに照らし合わせたり，他の地域のオープンガーデンと比較してみると，ガーデニングクラブを運営主体とするオープンガーデンでは，目的が庭の出来映え自体に収斂していき，「俗なるもの」の系譜，すなわち仕事の延長線上のようなかたちに向かいかねないこともわかってきました．

ただいずれにしても，フィールドワークにおいては，電卓の計算のように，すぐに完璧な答えを出していくのは困難です．その代わり，見つめ続ける「胆力」があれば，答えに近づいていくことができると信じてフィールドワークに出かけて欲しいと思っています．

[文献]

Caillois, Roger, 1958=1992, *Les Jeux et les hommes: Le masque et le vertige*, Paris: Gallimard. (＝ 1990, 多田道太郎・塚崎幹夫訳『遊びと人間』講談社.)

Caillois, Roger, 1939=1994, *L'homme et le sacré*, Paris: Gallimard. (＝ 1990, 塚原史・小幡一雄訳『人間と聖なるもの』せりか書房.)

Huizinga, Johan, 1938=1984, *Homo Ludens: A Study of the Play-element in Culture*, Beacon Press. (＝ 1990, 高橋英夫訳『ホモ・ルーデンス——人類文化と遊戯』中央公論社.)

今道友信, 1972, 『愛について』講談社.

鹿島茂, 1991, 『デパートを発明した夫婦』講談社.

Kraus, Richard, 1990, *Recreation and Leisure in modern society*, Glenview, Ill. : Scott, Foresman/Little, Brown Higher Education.

松田義幸, 1996, 『スポーツ産業論』大修館書店.

松田義幸編集, 1987, 『「ゆとり」について——ヨゼフ・ピーパーのレジャ

—哲学をめぐって』誠文堂新光社.
村岡健次・川北稔編著,2003,『イギリス近代史』ミネルヴァ書房.
根本祐二,1990,『テーマパーク時代の到来』ダイヤモンド社.
Pieper, Josef, 1948, *Muße und Kult*, München:Kösel-Verlag.(= 1988, 稲垣良典訳『余暇と祝祭』講談社.)
全国オープンガーデン協会,2013,『2013〜2015 年度オープンガーデンガイドブック』マルモ出版.

Fieldwork
訪ねてほしいフィールド

千葉県流山市本町界隈

　実は流山市に「本町」という地名はありません．江戸時代から続く市街地周辺を指してこのように呼んでいます．流山は千葉県の前身「印旛県」の県庁所在地だったり，千葉大学教育学部の前身「印旛官員共立学舎」が開設されたり，と歴史の1ページに関わる場所でもあります．ブックガイドで紹介している会津松平家初代保科正之のあと，第9代の松平容保に京都で仕えた新選組の近藤勇と土方歳三が生前，最後にわかれたのもここ流山です．また流山は現在全国に流通している「みりん」のふるさとだと言われています．今からおよそ200年前，それまでつくられていたものよりさらに精製された「白みりん」が誕生したのが流山だったのです．現在は調味料として知られる「みりん」も，当初はアルコール飲料としての位置

づけを持っていました．実際，流山における「みりん」の2大メーカーは，やがて酒造業と醤油業の2つの方向にわかれますが，現在ブランドとして残っているのは後者です．古民家再生によるイタリアンレストランや和紙照明店，蔵のギャラリー，行灯回廊プロジェクトなど，過去と現在が交差するまちからは目が離せません．

・・・・・・・・・・・・・・・・・・・・・・・

千葉県流山市（全域）

本文で取り上げた流山市では，「流山市民まつり」や「流山産業博」といったイベントのほかに，春先には「流山グリーンフェスティバル」が開催されています．これは，毎年5月の連休中に，流山おおたかの森駅の南口都市広場で開催される「花と緑の祭典」で，毎年3万人前後の来場者があります．期間中，4,000鉢以上の花や野菜の苗でつくられる花絵が展示

されており，最終日にはその苗が販売されるため，地域の物産展やフリーマーケットとともに，大きな目玉となっています．このイベントは，自治会やガーデニングクラブに代表されるような各種市民活動団体，大学生など，多くの担い手によって準備や運営が進められています．またその背景にある市の政策とともに，身近な自然としてのさとやまに着目するNPOやゴーヤによる緑のカーテンづくりを促進しようとする団体など，みどりのまちづくりに関心のある市民の存在が見逃せません．今後，つくばエクスプレス開業とともに増加してきたいわゆる「新住民」と，それ以前から居住している「旧住民」との交流が地域の課題として浮かび上がってくると考えられます．そしてその交流自体がこれからの観光のかたちを示してくれると思われます．その意味で，みなさん自身の見どころを探すべく，イベントを手始めに，既存の観光スポットから江戸川周辺の景観やまちなみ，オープンガーデンのお庭まで，ぜひ足を運んでいただきたいと思います．

Book Guide

天地明察

冲方丁著
角川文庫，2012

　あなたは徳川 4 代将軍について，どんなことをご存知ですか．

　大久保彦左衛門や春日局が出てくるのは 3 代家光のときです．生類憐みの令や赤穂浪士の討ち入りは 5 代将軍綱吉のとき，大岡越前や小石川養生所は「暴れん坊将軍」8 代吉宗のときです．

　幕末を除けば，江戸時代に起こった史上最大規模の「内戦」島原の乱．その鎮圧後，力で社会を治める武家政治は，その存在意義が問われます．それでも現在の立場から降りるわけにいかないとすれば，自分の役割を見直しつつ自らを変革していくしかありません．そこで将軍の後見役，会津藩主保科正之が目をつけたのは「暦」でした．

　この本を読んでいると，史実とフィクションの間を行き来しながら，いつしか自分自身を振り返っています．自分ならどうするか．前提条件は間違っていないか．迂闊にも見逃していることは無いか．自分の行動が誰から何を奪うことになるのか．そして，実に多くのひとたちに支えられて「今」がある．

　時代の流れの中で，「必至！」(ひっし：「必ずやり遂げてみせます」の意)，と尊敬する人物に誓うことができたら，そして，「明察」(めいさつ：「たいへんよくできました」の意) という評価をもらえたなら，それは「幸せ」と言える生き方になるのではないでしょうか．

第7章

世界で唯一100年続く本屋の商店街

大内田鶴子

写真1　神田神保町書店街風景
靖国通り駿河台下交差点から九段方向を見る

1. はじめに

　青空古本市「東京名物 神田古本まつり」は，戦後はじまり半世紀以上続いています．明治初年から100年を越えて専門店街の集積を維持している神田書店街の象徴です．毎年10月の最終週から，11月3日の文化の日にかけて，100店舗近い古書店が露店やワゴンを歩道に張り出して，一斉に大バーゲンセールを開催します．最近では，新刊書店や大手出版社もこの「お祭り」に協調してイベントや新刊書のセールなどを行うようになりました．

　大都市東京は，関東大震災と東京大空襲との二度の大災害で廃墟と化しました．神田の本屋街も関東大震災では焼け落ちましたが，復活してまだ発展を続けています．特に千代田区を含む都心三区はグローバル・ビジネスゾーンとして，ロンドン・ニューヨーク・ワシントン・パリと並ぶ世界都市ですが，神田神保町は本屋の商店街であり，なぜこの場所に存在し続けることができるのか，実に不思議に思われます．神田神保町は丸の内・大手町と並ぶビジネスゾーンの中にあるにもかかわらず，本屋の「市場」と「組合」と「祭り」（神田明神）を持ち，「区議会議員」を地元から送り出し，職住近接で「商い」をしている人間（居住者）の町でもあります．宮崎学の小説『地上げ屋』では，神保町エリアを舞台として，国際都市への変貌を強要する不動産バブルを冷静に受け止め，したたかに儲けた小市民の姿が描かれています．古書店街ではやむを得ない事情の一軒を除いて一軒も地上げに応じなかったという逸話を持ちます．

　ヨーロッパでは過疎化した田舎の観光地を舞台として，「本の街」による地域活性化のネットワーク運動が起こっています．かつて，

第 7 章　世界で唯一 100 年続く本屋の商店街　149

写真 2　2014 年神田古本祭り

ヨーロッパの大都市には本屋街が存在しました．大英帝国の出版物の拠点であったロンドンのチャリング・クロス・ロードが代表的な例ですが，現代では本屋が多い通りに衰退してしまいました．溢れて余る書籍の再利用法が，観光「本の街」運動です．神田神保町はこのような観光「本の街」とは異なり，東京の都心で 100 年の歴史を持つ本屋街の現役として人々を惹きつけています．「本の町」とは，東京神田神保町から生まれた言葉であるといって過言ではないでしょう．

　この章では，日本の東京都千代田区神田神保町書店街が，世界でもめずらしい古本屋の大集積地であることを学生の皆さんに知っていただき，「本の町」の社会学的研究に入門してもらうための一文として著しました．以下においては，経済的・社会的・歴史的側面

から神田神保町の実態を分析し,さらに文化的意味を考察しようと思います.

2. 神田書店街の出発点

脇村義太郎の調査によると,明治前期に多くの学校が神保町エリアに開学したことが,書籍商の発展の基礎になりました.日本の市民社会が近代西洋の知識を旺盛に取り入れた拠点が,神田神保町であったのです.明治後期,明治20年に東京書籍商組合が組織されましたが,当時は組合自体が営業することができず親睦団体のようなものでした.この間有志の発起で大市が行われるようになり,貧乏な学生が次ぎの本を購入できるように,読み終えた本を引取る新古書の取引が開始されました.明治35年に組合規則を改正して,正式に本屋の商業組合となりました.

古書の取引はしだいに増加し坐して売りに来るのを待っていては間に合わなくなり,他の古書店から自店で需要の多い価格の安い本を買ってきたり,「競取(せどり)」を使って,自店に向くものを探して購入してくるようになり,本屋の分業化が起こりました.次に市場(いちば)が発生しました.場所は貸し席(会議・宴会場)を使い,同業者が集まり,商品を持ちよって交換する方法が自然に発生していました.この集まりは,交換が済んでから会食その他いろいろ楽しみがあったものです.こうしたルーズな会合を組織化しようとしたのが,神田書籍商同志会で後に東京全体で組織することになり,大正9年,東京古書籍商組合が設立されました.この時期平行して,いちいち席亭を使わず,自己の会館を持つべきだという議論が現れ,小川町に適当な物件を見つけローンで購入し「図書倶楽部会館」と命名,組合の会合や交換会はすべてここで行うようになりました.この会館

（市場）を持つことによって，神田はあらゆる古書取引の中心になるに至ったのです．このように大正・昭和前期において，現在の神保町古書店街の基礎が固められることになりました（脇村 1979:73-99）．

3. 経済活動としての古本屋

　出版産業は，文字文化と経済の結びついた活動です．文化・芸術の中でも，本屋が商業的に自立できたのは，文字による表現の作品として，大量生産に適ったからであると思われます．グーテンベルクの印刷機の発明と知識の大衆化という深遠な問題が背後にあります（大内 2008: 183）．出版会社は次第に寡占化していって，最後に淘汰の波に洗われます．古本屋はどうでしょうか．経営体としての古書店には講談社や集英社のような大会社はありません．古書は原則一点物で，古着や骨とう品と同じように扱われます[1]．古書の事業者は古物取扱商の資格を持って常に警察と連絡を取ることが要求されます．平成7年の東京都古書籍商業共同組合の調査によると，東京都全体では年商3000万円未満の経営が64％，正社員数の平均は2.8人，店舗規模平均14.5坪であります．つまり古書専門店は巨大化しない業態であると言えます．一般の小売店と異なるのは，古物の扱いで売手・買手の両方になることです．品揃え，価格の決定が自由であることです．川上の業者の支配を受けず，純粋に読者の需要を反映することです．この街の中心となる古本屋とは，以上のような性格を持つ経済活動の担い手であります．

　新刊書店も含めた神田書店街は，売場面積5,000坪，在庫1,000万冊の世界一の書店街であり，古書店176店，新刊書店約40店，取次店25店，出版社500社が集積しています（2014年「BOOKTOWN

じんぼう」・東京商工会議所千代田支部 2007). このようにして，明治初年に，この地に自然発生し，100 年かけて出版産業複合体ともいえる本屋と出版産業の大集積地に発展したものです．

4. 神保町古書店街の「地域力」の社会学的分析

多くの地場産業が衰退する中で，なぜ神保町において明治初年から今日まで本屋街が継続できたのでしょうか．持続する地域共同社会の基本的要素は何なのか，そこに潜在する地域の諸力「地域力」の分析を以下に試みます．

フリードマンは，発展途上国における非輸出型産業の育成のための社会的条件の研究を行いました．発展途上国においては貧富の格差が拡大し，貧困から抜けられない人々が多数存在します．フリードマンは，貧困とは「力の剥奪」によるものであると考えました．発展途上国で貧困に陥る人々は，次のような諸力を奪われた結果貧困から抜けられなくなったと主張しています．それらの諸力とは，「防御可能な生活空間（なわばり）」「余剰時間」「知識と技能」「適正な情報」「社会組織」「社会的ネットワーク」「労働と生計を立てるための手段」「容易に資金を借りられること」であるとします（フリードマン 1992: 115-121）．フリードマンの学説は，先進資本主義国の衰退する地域社会や商店街活性化政策にとっても重要なヒントを与えてくれます．フリードマンの見方を借りれば，神保町がなぜ持続するのか理解することができます．神保町書店街の力は「商業力」「経済力」「資金力」ではなく，様々な要素が複合した「地域力」として説明できるからです．神田神保町の地域（コミュニティ）を強化（エンパワメント）し，持続させる諸力「地域力」について，若手後継者 20 人のヒアリングをもとに考えます．

4.1 「なわばり」——周辺から区別され防御された空間の存在

　この街は駿河台下交差点から靖国通り沿いに九段に向かって歩いて約10分（600m）の距離の範囲内（神田神保町1〜3丁目）にあります．この区域に，約170軒の古書籍店といくつかの新刊書店が密集しています．ここではまさに「なわばり」が確立していると思われました．ヒアリングによると，土地バブルの時代，地上げ屋が来た時，売り渡さないようにと有線放送が流れたという逸話があります．実際地上げに応じた古書店はやむを得ない事情の一店舗だけでした．古書の売買とは異質の経済活動（土地投機）が許容されなかったわけです．また，この街には「なわばりの象徴」ともいえる地元の人がなじみの喫茶店が多く，営業歴の長い喫茶店が多いことも特徴です．さらになわばりの証明といえる神田明神の氏子地域（1〜2丁目）というテリトリー意識もあります．

　神保町空間を周辺と区別する要素について，時間の流れ方，リズムについても特徴を持つことが理解できます．神保町における時間と空間の関係は次ぎの3点に要約できます．第1は，毎日の市場（古書会館）と自店との往復という一定時間，一定空間内での住民の往来の繰り返し．第2は，街行く人の歩く流れのゆっくりした速度．本の町に来る人々は店の中で立ち読みしたり，ワゴンをのぞいたりして立ち止まることが頻繁です．第3は，祖父の代から本屋だった，明治時代から本屋の町だったという歴史感覚があります．このように時間と空間を他の地域から区別する特徴があります．

4.2　余剰時間

　フリードマンは，人々が力を持つには余剰時間が必要であると述べています．株の配当などで暮らしている人々と異なり，日々の生活に追われる人々にとって，余剰時間とはどこにあるのだろうかと

否定的に考えざるを得ません．ここでは，仕事が慣習化することによって自由な時間感覚を持つという意味で明らかにしてみます．

　神保町の古書店の場合，仕事にかける時間配分の合理性は，近くの市場と店との往復の繰返しという毎日のリズムと，月曜から金曜までの分野別の市の開催という週ごとのリズムによって保たれています．毎年秋の神田古本まつりも年中行事化しています．組合の会合や各種の勉強会もある程度，定例化されており，個人的な計画性とは別次元の，集団としての計画性，規則性で町全体が動いている様は，一つの共同体の存在を示しています．これらの規則性は定款や社内規定によって強制されるものでなく，それぞれ個店が主体的に守り続けている「暗黙合意」に近いものであります．これらの時間のリズムが100年かけて慣習化している様は，農村共同体のようです．このような慣習世界では，仕事の人間関係の部分と，個店間（個人間）の「つきあい」とが未分離になり，仕事時間と余暇時間の境界が曖昧になり，より自由な感覚を持つことができます．市場を通じた「つきあいが楽しい」と語る人がいると同時に，会社勤めを辞めて家業にもどってきた人は「仕事プラス人間関係でしんどい」と語る人もいました．自由人の仕事と奴隷の仕事との差異を現しているように思われます．この「つきあい」のなかから新しい勉強会や，共同目録作成グループが生まれてきます．古本屋の経営者たちは夜7時前には店を閉めてしまい，近くの酒場で仲間と充実した余剰時間を過ごします．仕事と余暇が結びついているのはこの街の伝統であるといっても過言ではありません．

4.3　知識と技術──商店街近代化計画が無いこと

　日本中の主要な商店街は，「商店街近代化計画」や，「中心市街地活性化計画」などの策定を行ってきました．神保町の面白さは，

「計画」「戦略」「コンセプト」がないことです．神保町では，長い歴史の中で，時間の流れを断ち切るような人為的まちづくりが一切行われなかったことを特筆できます．神保町は「商店街近代化計画書」を持たず，調査報告書もあまり持ちません．コンピュータ関連の職を捨てて家業を継いだ若旦那はつぎのように語っています．「このまちは，渋谷や新宿のようにコンセプトを持たない」，「商人だけじゃなく，お客も含めてみんなでつくった」，「不思議なまちだ」．それぞれの経営者はコンピュータを駆使して，自店の図書目録から検索ができるようにしてあります．ただし本屋街を数量化して分析して将来像を立てるというような知識にはあまり関心がありません．

4.4 古本屋になるための知識と技術——人材育成

日本全国の商店街で，後継者不足による廃業がまちづくり関係者を悩ませています．ところが，ヒアリングによると，古書店街には商売を継ごうとする若者が多数いることがわかりました．後継者になった理由として最も多くの人から聞くことができたのは，「小さい頃から，親父の働く姿を見て育ってきた」ことでした．昭和40年代の「繁盛していた様子」，「親父の充実して楽しそうな姿」を語る人もいました．「祖父から遺言されて」，「親類から圧力かけられた」，「同級生から誘われた」人がいるのは，血縁関係や幼馴染の多い，農村共同体のような神保町の特徴です．古本屋を継ぐための知識や技術は日常生活から自然に身に付きます．また，「目利き」の養成を可能にする古書市場という社会的組織を持っています．

後継者たちは，多くが大学を卒業しています．大学の教育は役に立ったのでしょうか．古典籍（古文書）の扱いについては，大学4年間の勉強では必要な知識に届きません．古本屋の技量を身に着け

る場所として，小川町の古書会館内にある市場が学校であるということでした．あるヒアリング回答者は，本屋として必要な一般的な教育は高等学校で終わっていると述べました．大学に進学した後継者は，（殆ど家業の方に精を出しており）遊びに通学しただけでよく卒業できたものだと語りました．大学に進学しなかった後継者は，「大学に行かなくとも，店が大学みたいなものだし，本もいっぱいあるし……」と述べました．

　古書会館の市場は，古書の「目利き」の育成機関としても機能しています．若者を教育する機会として「経営員」という役割があります．「経営員」とは，市場運営を僅かな手当で手伝う労働で，荷物の仕分け，本の名札付け，開札・読み上げ，落札者への配送など肉体労働が多い仕事です．「経営員」は市会ごとに調達され，募集方法は推薦・当番制・自分で申出るなど，それぞれの市会により違います．公募は行われず，軽い審査により雇われます．後継者調査によれば，何種類かの市会の「経営員」を長年続けた人や，なったことのない人など，教育訓練の決まりがあるわけではありません．「経営員」になると，どういう本が，どういう入札過程をたどるのか舞台裏のプロセスを体験でき，プロの知識経験を盗むことができるのです．自分で入札するだけでは，結果の「落ち値」しか知ることができないわけです．殆どの回答者が，訓練の機会は市場へ行き，相場感覚を養うことだと語りました．売り買いを見ているうちに，自分のコミットする専門分野の書物の相場が見えてくるのだそうです．なお，この業界でも，戦前は他店で丁稚奉公をしていたようです．「今の店には他人の息子を雇う暇はない」とある人は語りました．経営状態も全部知られてしまうから，「今は良くない時だから，内部を知られたらカッコ悪いということもある」，「他店で修行する代わりに市場の経営員になって勉強するようになった」と考えられ

ています.

4.5 社会的組織

アメリカの地域活性化やコミュニティ開発の知識を持つ人は,商店街の活性化にとって「中間支援」や「タウンマネジメント組織(TMO)」,などが重要な役割を果たすと考えます.神保町では,先に「商店街近代化計画」を策定したことがないことに触れましたが,実際には,「中間支援」や「マネジメント」に類似した仕事を,古書籍商業協同組合神田支部が行ってきました.恒例の青空古本市のマネジメント,親睦会,組合史の刊行,行政・マスコミとの交渉,ホームページの開設,視察の受入れなど実質的には「TMO」の機能と同じ役割を果たしています.これらの役割は半ば輪番制の幹事が順番で担当しています.地元の人々は「組合」と表現し,戦前から継続して行っています.

神田神保町の古書店にとって最も重要な社会的組織が「市場(いちば)」です.神田神保町の強さは商品の流通拠点を自店のすぐそばに持っていることです.現在,神田の古本市場は最も高値で取引きされる,全国の価格形成市場になっています.実は,本の取引市場というものが,多くの都道府県にあるのです.神田市場はその中の一番市場,鮮魚の築地市場のような地位を築きあげました.

市会(部門別の市)は「中央市会」「洋書会」「資料会」「東京古典会」「一新会」「明治古典会」と,東京の東西南北それぞれ地域ごとの市会が開催されます.

ヒアリングを整理してみると,市場には次ぎのような機能があります.

① 物流拠点:古本の交換場です.重要文化財からゴミまで,大

量・多種の古書籍（紙媒体情報）物流の集散の場となります．とはいえ，現代では地方市場で事前に選別された貴重な古書の扱いが主になっています．
② 価格の形成：すなわち，新しい価値の発見・付与，相場の形成，価格の維持があります．
③ 信用の創出：定期的な取引き，公正な取引き，効率の良さなどで，市場を通した方が安心・確実です．その信用こそがここに良い古書籍が集散する理由であり，取引を活発にします．
④ 保証機能：市場がないと自分で仕入れた書籍はすべて自分で売切らなければなりません．しかし，この市場では売れ残った品や，仕入れに混じってきた不要の品を買ってくれるので，それぞれの店主はマーケティングの失敗で経営が行詰まるリスクが軽減されます．「例えば，ぜんぜん価値の分からない品が入ってきた時に市場に出す．誰か買ってくれた．助かったなぁという気持ちになる」，とある若手後継者が語っています．

なお，このような古書の常設市場は日本だけに発達したと思われます．古書市場を持つのは世界の中でも日本だけです．

4.6 適正な情報

神田古書店街は，情報に関しては発信者の位置にあります．古書会館に事務局本部のある，全国古書籍商組合連合会が「日本の古本屋」というウェブショップを開設していますが，各個店はそこに出品しています．また，神田支部でも独自に「BOOKTOWN じんぼう」（http://jimbou. info/）というサイトを開設して，国立情報学研究所・千代田区図書館・周辺の飲食店と連携して情報発信しています．

情報化が古書販売に与えた影響はプラスの方向で大きかったと言えるでしょう．古書の売り方が，販売の速度を競わないこと，不特定多数の人に対して販売することが少ないことなど，大量生産・大量消費の競争には関係がないからです．古書にとっては，あまり本質的な影響を与えないことが次のように指摘されました．「インターネットの情報の出し方が，本当に知りたい部分じゃないんですよ．……結局自分が一生懸命頭使って，『これはお客さんいくらで買ってくれるのかな』ってのを想定して買ってきたものを，知らない人たちに『ぼくんちにこういったものが入ったんですよ』と，不特定多数の人に流そうとは思わないですよ．だから，それだけ自分が扱ってみたいと思って買ってきた本は，それだけお客様の顔が浮かんでるんですよ」．むしろ，逆に検索機能の発達が，少量・多品種を扱う古本業界には，顧客の拡大につながったと思われます[2]．

4.7 社会的ネットワーク

神保町界隈は出版業界関係者から別名「神田村」と呼ばれています．「神田村」とは視覚的には取次店ですが，本質的に村的なのが古書店です．古書店間では婚姻関係，徒弟関係で多くの店は親戚関係やそれに近い間柄にあります．加えて古書籍商業協同組合を結成して職業的に連携しています．ヒアリングによれば，同郷関係・暖簾分け関係・血縁関係・小学校の同窓関係・神田明神の氏子・町内会・趣味の会・勉強会などがこの狭い地域に重層していました．このなかで古書籍商業協同組合は，ネットワークが全国に広がっています．この街ではネット（網）をこえて，織物のような関係の緻密さを示していると同時に，ネットワークはインターネット型に広がっています．関係が緻密になり様々な方向に迂回できるようになると，ホストが不要になり，端末の自由度が増すのがインターネット

の世界です．各個店が自由で人間関係はオープンであることが，インターネットの特徴からも理解できます．「村」と言われますが，排他的ではないことが次ぎのように語られています．「こんなに横の繋がりが強い専門店はない．先輩・後輩の縦関係がない．規模が大きくても，小さくても店の順位がない」．「他店と凌ぎを削るということはない．いろんな情報をもらったり，他店をお客に紹介したりする」，「新しい人にやさしい．……新しい店が入ってきたからといって，自分の店の売上げが落ちると思っていない」．

4.8 古書販売の面白さ

古書店同士の横の連携が成立するもう一つの理由は個店が売り手であると同時に買手であることによると思われます．金融市場のように，本の価格を支えあうことができるのです．「私たちが仕入れを行う場合に，（同じものを）競争して取らなければならない時はライバルなんですけど，逆に自分の店に残っている在庫を出す時は仲間なんですよ．そこで相場ができているのです．自分はいらないのだけれど，同じジャンルを扱っている人は，その商品の価値を分っているので，ある程度札を書いて支えあう．そうすると，お互いに持っている在庫について，価値観というか，思想が維持できてしまう．だから一軒だけで，特定のジャンルを扱っていくというのは，逆に難しいと思います」．微妙に重なりながらの専門分化と店数の増加はこのような原理に基づいているのかもしれません．「古本は扱い分野が少しづつズレているので，共通する部分で他店を紹介することができる」，「ロンドンの古書店は価格がバラバラで，店の横のつながりがなく，てんでばらばらだった．日本も明治・大正時代はそんな感じだったろうと思う」と語っています．「他の飲食店やスポーツ店などでは扱うものが同じだから，同業他店を紹介するよ

うなことはない」ということです．

若手後継者に仕事の面白さがどこにあるか尋ねると，ほとんどの人が，定価がないこと，自分で値段をつけられることだと答えました．自分が主導権を握るということを超えて，価値観を反映できることを意味しています．自分で値をつけて仕入れるためには，勉強しなければ価値あるものを発見できません．市場に出ることでなんらかの勉強や発見があり面白いと，若手後継者は語りました．そのようにして発見した本に値をつけることで，「文化に貢献している」という自負も生まれます．文化という意味では，買いに来るお客さんに，博物館の職員，大学の先生，芸術家，作家なども含まれ，そうした方々と直接話しをし，教えてもらえることもこの仕事の心理的報酬になるということです．

4.9 「地域力」についてのまとめ

神田古書店街は「市場」と「組合」と「祭り」（神田明神祭と古本祭り）を持ち，職住近接で「商い」をしている人間（居住者）の町に熟成しました．古本屋の中には，四代目，五代目が継いでいるところもあります．それと同時に，廃業と開業の新陳代謝も起こっています．近年では店舗を持たずに，ネットショップを立ち上げて，事務所を神保町のビルの上階に構えるといった，古書の町としてのブランドを利用する店も現れています．古書店街は，その商品の性格（古物・一点もの）を尊重し，他の産業分野におけるような巨大化・システム化の流れに対して，異質性を貫いてきました．町の継続性の秘訣は，脇村義太郎によれば，「強い個人主義に立つ古書店オーナー達によって支えられてきたとともに，協調・協力の動きが結集力に高められたこと（脇村 1979: 228)」によるのです．一人の若手後継者が「自分が一生懸命頭使って買ってきたものを……（入

荷情報を）不特定多数の人に流そうとは思わない……自分が扱ってみたいと思って買ってきた本はそれだけお客様の顔が浮かんでいるんですよ」と語ったように，本という媒体の性質を「1人の個人から特定の人へ」であるという理解に立ち，そのことを踏まえたうえでの力の結集が，継続の秘訣であったと思われます．一軒の書店が一人勝ちして他店を傘下に吸収しつつ発展する世界ではなく，一軒の大店から分離分散して小さな独立店を増加させ，かつ協同を保ってメッシュ構造を築きあげてきたのは，扱う商品（情報）の性質に適合していた，ということかもしれません．自由で異質で孤独な人間を結びつけるものが本（情報）であるという基本から逸脱しない仕事を伝統にしてきたことが，強さと継続の一因といえるのではないでしょうか．神田神保町の地域力とは，各店舗の自立性と相互に多様な価値観を共存させる力であったと言いかえることができます．

5. 神田神保町古書店街の幾世紀を超えた文化的意味

5.1 印刷・出版業の歴史を継承する町

江戸時代に本屋が日本橋界隈に集積する以前には，本屋の拠点は京都にありました．その後，江戸開府とともに三都構造（京都，大坂，江戸）になりました．16-18世紀のロンドンが，勅許によって出版産業の独占的地位を得ていたイギリスに比べると，日本では同じ時期において，大出版地として三都を擁することができました．その意味は，イギリスに比べると出版の自由があり，多様な価値観を共存させ育てたということです．

明治時代になると，東京遷都や廃仏棄釈などで京都の本屋＝出版業が衰退しました．江戸の本屋も衰退し，本屋の集積地が日本橋から神保町に移行します．明治10年代の書肆業界をリードしたのは

福沢諭吉です．自ら出版に着手した時は活字印刷が普及しておらず，彫師・摺師を雇って出版を行い「福沢屋諭吉」の名で書林組合に参加しました．福沢諭吉の『学問のすゝめ』は40万部の大ヒットでした（福沢:1872=2007・大内:2009）．明治初年の間には，有史閣（有斐閣）・ナカニシヤ屋（丸善）・三省堂・開進堂・東洋館出版・冨山房などが神保町に開店しました．特に明治10年代は条約改正・国会開設・憲法発布などの目標のもとに政治運動が盛んになり，法律の研究や議論が活発に行われました．こうした需要に応じて私立学校（明治大学・専修大学・法政大学・中央大学・日本大学などの前身の法律学校）が次々と設立され，神田駿河台周辺に校舎を持ちました．開成学校・東京外国語学校・東京商業学校・学習院・東京高等師範・女子高等師範などもはじめは神田・御茶ノ水に設立されたのです．神田神保町は，まさに近代の新知識の導入の拠点であったと言えます．また，必要性に駆られて読まれた本が，政治や法律であったという事実，『学問のすゝめ』が大ヒットしたという歴史は現代と比べて非常に刺激的で驚くに値します．

　大正になると民主主義の機運が高揚し，一般の図書・学術図書の需要が一段と高まりました．この時代に頭角を現したのが，学術図書を専門とする有斐閣・岩波書店などでした．岩波書店では社会科学・哲学・思想の分野での出版，レクラム文庫をモデルとした岩波文庫の出版で成功しました．岩波文庫の巻末に掲載された，岩波茂雄の「読書子に寄す」では次のように本屋の理念を格調高く述べています．「真理は万人によって求められることを自ら欲し，芸術は万人に愛されることを自らのぞむ．かつては民を愚昧ならしめるために学芸が最も狭き堂宇に閉鎖されたことがあった．今や知識と美とを特権階級の独占より奪い返すことはつねに進取的なる民衆の切実なる欲求である．岩波文庫はこの要求に応じそれに励まされて生

まれた．……いやしくも万人の必読すべき真に古典的価値ある書を……．遂時刊行し……．生活向上の資料，生活批判の原理を提供せんと欲する」．以上に掲げた出版社や書店の中には，神保町で小さな古本屋や露天商から出発したベンチャー企業のような歴史があります．

5.2 街並みの形成方法が江戸時代を継承していること

　神保町古書店街の物理的景観が，現代にどのような文化的遺産を残しているか，街並みの形成要因について簡単に見ておきます．江戸時代から明治にかけての本屋仲間と書籍商組合のリストを並べて比較しました．明治29年の東京書籍商組合の地域割は徳川幕政下文化五年の貸本屋組合の地域割とあまり変わっていません．現在の神保町古書店街は靖国通りの南側に街並みを形成していますが，これは，文化五年の貸本屋組合あるいはそれ以前の書物屋仲間のように，「南組」の考え方に基づいていると考えることができます．鈴木理生によると，江戸時代の都市の要素としての「町」は公道を挟んでその両側に町人の「棚」＝「店」が立ち並んでいるのが標準的な姿であり，「町」とはその町人の所有する建物が軒を連ねた状態を意味するものでありました．したがって，公道の片側だけしか町並みのない町は珍しい存在であり，何らかの理由があってそのように形成され，このような町を「片町」と呼んでいました．神保町の靖国通り南側の本屋街は恐らく江戸の本屋以来の，日照の当たらない東西通路の南側に北向きに店を構える慣習を継承していると思われます．このことは，現在の神保町の本屋の町並みが江戸以来のまちづくりの形式を保っていることを意味します．さらに，近隣関係の強い古書籍商の組合（神田支部）がまちづくりの背景に存在する原理であると思われます．本屋の組合員が町組単位に登録され，統

制された仕組みが延々と生き延びていることがわかります．これらの伝統と慣習の存続が都市計画に頼ることのない秩序ある街並みが継続している理由であると思われます．

表　江戸から東京への移行期における本屋の地域分布

地　区	貸本屋組合員 文化五年 （1808年）	東京書籍商組合員 明治20年 （1887年）	東京書籍商組合員 明治39年 （1906年）
麹　町	39	4	9
神　田	60	15	104
日本橋（1）	74（本町組）	—	—
日本橋（2）	95（南組）	56	85
京　橋	109（南組）	28	77
芝	38	13	9
麻　布	28	1	8
小石川	33（小日向）	1	7
本　郷	—	7	30
下　谷	64	4	9
浅　草	42	2	28
赤　坂	—	—	3
牛　込	—	—	9
四　谷	33	—	2
本　所	40（深川込み）	—	3
深　川		—	1
合　計	655	131	384

＊明治以降，日本橋の区分が統合されたため，明治以降の数値は日本橋（2）にまとめた．
出典：明治20年，明治39年の東京書籍商組合員数は脇村義太郎『東西書肆街考』による．文化五年は今田洋三『江戸の本屋さん』による．

5.3 過去の情報の価値を浮上させる機能

神田古書店街は,価値ある古書を多数の店舗で共同して蓄積しているという意味で,図書館のような文化の保護者の役割を担っていることは言うまでもありません.しかし国の税金で維持したり,貴族の書斎に置かれている文化財とは違う側面を持っています.市場を通して流通することで,現在の読者の求めている知識・情報を反映して,新たな価値の発掘が起こり,歴史の見直しを触発するような,ダイナミックな機能を持っていることです.こうした意味では近年構築されているデジタル・アーカイブとも異なる意味を持っています.歴史の下層に埋もれていた過去の価値ある情報を流動・浮上させる場所,サブ・カルチャーを顕在化させる場所が古本市場です.

[注]
1) 日本では,新規の出版物は価格の規制(再販制度)があり,日本全国同じ値段で売られ,本屋の評価で値段を決めることができません.したがって,古書と新刊書は別の事業者が扱います.
2) ネット小売業の販売理論に関する用語ロングテール(恐竜の尾)で,いわゆる売れ筋商品でない品物を総称している.短期間に大量に売れる商品群に対して少量の回転の悪い部分が尾のように長く伸びているのでこのように表現される.販売効率を重視する小売業はこの部分をカットしてしまう.逆にロングテールで勝負している骨董や古本は,インターネットの検索機能でより広い顧客に発見されるようになる.

[参考文献]
大内田鶴子,2004,「神保町の地域力」『日本都市学会年報』Vol. 36
――――・熊田敏郎・小山騰・藤田弘夫編,2008,『神田神保町とヘイ・オン・ワイ――古書とまちづくりの比較社会学』東信堂
――――,2008,「古書と出版の比較文化論――比較出版都市論のための

試み　イギリス編」『情報と社会』第 18 号，江戸川大学
————，2009，「古書と出版の比較文化論——比較出版都市論のための試み　日本編」『情報と社会』第 19 号，江戸川大学
今田洋三，1977,『江戸の本屋さん——近世文化史の側面』NHK ブックス
鈴木理生，1997,『江戸のみちはアーケイド』青蛙房
ジョン・フリードマン，1992, 斉藤千宏・雨森孝悦監訳，1995,『市民・政府・ＮＧＯ——「力の剥奪」からエンパワーメントへ』新評論
脇村義太郎，1979,『東西書肆街考』岩波新書（黄版）87
東京都古書籍商業共同組合「東京の古本屋　今後の古書籍業界のあり方——現状と展望」平成 7 年度活路開拓ビジョン調査事業報告書
東京商工会議所千代田支部「本の街・神保町活性化基本計画」，平成 19 年 1 月

Fieldwork

訪ねてほしいフィールド

千代田区神田神保町書店街

　知る人ぞ知る，本のマニアの街です．すぐ近くにはオタクの活動場所として有名な秋葉原があります．本のマニアの庶民的な商店街のすぐ南方向近くには皇居があります．通りを西に10分歩けば，これまた有名な靖国神社があります．広い意味での東京っ子である皆さんは，このエリアを知らずに過ごすわけにはいきません．本に興味がなくても行って探索すべき都心の文化発祥の地です．

英国ウェールズ,ヘイ・オン・ワイ

写真 リチャード・ブースが本の王の居城として購入した中世の古城ヘイ城

イギリスのヘイ・オン・ワイという本の村はきわめて不便なウェールズの中山間地にあります.ロンドンヒースロー空港から車で5時間以上かかります.海外で冒険してみたい皆さんは,是非ここをめざしてください.羊の放牧されたイギリス人憧れの農村風景と中世の古城や街道筋の田舎家が観光地化とは無縁に残っています.それだけに不便です.その不便さを逆手にとって地域活性化に取り組んだのが,「本の王」リチャードブースと本のマニアたちです.まずはインターネットで調べてみましょう.
ヘイ・オン・ワイ公式サイト: http://www.hay-on-wye.co.uk/

Book Guide

神田神保町とヘイ・オン・ワイ
古書とまちづくりの比較社会学

大内田鶴子ほか著
東信堂，2008

　ヘイ・オン・ワイは「本好き」でかつ「旅行好き」の人たちの知るマイナーな観光地です．神田神保町は，大学を卒業した年配の人には思い出の場所，外国人には殆ど知られていない日本の「名所」です．神田神保町は観光案内には取り上げられても，知的活動の場所として研究されることがありませんでした．本書はそうした通念をやぶって，本と町の関係の研究に取組んでいます．

　本書の中では，本によるまちづくり事例が多数紹介されています．外国については，ヘイ・オン・ワイの他に，スコットランドのウィグタウン（Wigtown），ウェールズのブライナボン（Blaenavon），ベルギーのルデュ（Redu），ダム（Damme）などなど多数，日本国内については，福島県只見の「たもかく本の街」，福岡県福岡市の「ブックオカ」，東京上野の「不忍ブックストリート」，杉並区「西荻ブックマーク」，長野県伊那市高遠町の「高遠本の家」などなどです．興味深いことに，日本の国土には，人口2〜3万人当たり1店舗の割合で，各都道府県に万遍なく古本屋が存在することが本書で分析されています．日本における古本市は，施設や風景だけの観光と異なり，旅行者と町の住民を近づける役割を持つものだと述べています．古本市は日本中で可能性のある，骨董市・朝市と並ぶ

観光資源の一つであることを本書は示しています．

　なお，本書は江戸川大学の学生が神田神保町でのヒアリングの記録づくりを手伝い，その成果が生かされて出来上がりました．巻末に江戸大生が起こした記録が収録されています．また，ヘイ・オン・ワイについては現代社会学科の鈴木輝隆教授も執筆されています．

第8章

職業としてのインタープリテーション
国立公園におけるインタープリターの資質と条件

親泊素子

写真1　オーストラリアラミントン国立公園でのインタープリテーションの様子

1. はじめに

　2020年に東京へのオリンピック・パラリンピック招致決定のニュースが入ってきたときに，私がまず考えたことは「インタープリター」の職業が絶対に仕事になるぞと思ったことです．日本ではあまり聞いたことのない職業ですし，まだ生活できる程のお給料がもらえる職業にもなっていませんが，海外の国立公園に行けば当たり前にインタープリターがいて，ビジターセンターやネーチャートレイルを歩く時には国立公園の大切なことについて解説をしてくれます．ですから日本の国立公園でも，海外のお客様を受け入れる時には欠かせない仕事の一つなのです．

　観光庁では日本へ来る外国人の数がついに1,000万人を超えたということで，さらなるインバウンドの観光客を増やそうと，目標を2,000万人に増やしてその整備を進めています．その為に案内・標識の多言語表記とか，パンフレットやウェブページによる情報の充実に力をいれた整備を進めています．しかし，単なる情報の提供だけでは日本の本当の素晴らしさを理解してもらうことはできません．日本の美しい風景の代表でもある国立公園を訪れるビジターに心から満足して帰ってもらうようにするにはどうすればよいのでしょうか？　その助けとなるのがインタープリテーションなのです．そして，そのインタープリテーションをする人をインタープリターと呼びます．そしてこのインタープリターは国立公園における大きな役割を果たす職業でもあるのです．

　それではそのインタープリターになるにはどのような資格が必要なのでしょうか．試験は難しいのでしょうか．どのようにしたらなれるのでしょうか．ここではそういった疑問に答えるべくインター

プリターになるための資質や条件についてお話しをしてみましょう．ちょうど皆さんが大学でインタープリテーションについて学び，卒業してどこかの国立公園で何年か訓練を受け，修行を積んで一人前になる頃にオリンピックがやってきます．そこで皆さんにもぜひ，今からこの職業に関心を持っていただき，その中の何人かでも卒業後の進路の一つとして頭に入れておいて頂ければと思います．

2. インタープリターとは

　まず言葉の誤解を解くことから始めたいと思います．その一つは「インタープリター」（Interpreter）という英語の訳語です．日本ではインタープリターというと一般的には言語の通訳を指すことが多いです．学生に「インタープリターになりたいですか」と聞くと，「僕は英語が苦手なので無理です．」と即座に否定されます．また二つ目の誤解は，観光ガイドとインタープリターが同じ職業だと思われることです．もちろんある部分は重なるかもしれませんが，ガイドの仕事は主に知識や情報の伝達であるのに対し，インタープリターというのはそれ以上のメッセージを伝えることが要求されます．また，自然観察指導員や森林インストラクター等とインタープリターの違いも分かりにくいかと思います．なぜなら自然観察指導員や森林インストラクターの方々は自然大好き人間が多く，知識や情報の伝達の他に，彼ら自身の自然保護に対する熱き思いも無意識に伝えており，そこにはインタープリテーションの大事な要素である「愛」も入ってくるからです．

　通常の観光ガイドとインタープリターの違いをわかりやすく説明すると，「なに」"What?"と「なぜ」"Why?"の違いだと思います．すなわち各地の観光地や国立公園を案内するガイドさんの話は，

「これは何年にできた○○寺でございます」とか,「この湖は深さ○○メートルもありアジアで最も深い……．」といった「これは何々です」という知識を披露してくれます．しかし,インタープリターの話は,「何故でしょう」という疑問を誘発させ,またそれに答えてくれる人と言ってよいでしょう．例えば,インタープリターがある植物について解説をする時には,「何故この樹木がここにあるのでしょう」から始まり,ビジターは解説を聞き終わる頃には,その樹木がそこに存在し続ける大切さを感じ,保護していかなければという気持ちを持つようになり,それが上手なインタープリテーションと言えるのではないでしょうか．

　また三つ目は,日本ではインタープリテーションを「自然解説」と訳していることからくる誤解です．アメリカの国立公園体系には自然遺産だけでなく文化遺産や歴史遺産も含みます．ですから国立公園でインタープリテーションをするということは,自然解説だけでなく,歴史,文化の解説活動も含まれるのです．しかし,日本ではこのインタープリテーションという言葉が主として自然保護を中心とする国立公園の中で紹介されたために,自然解説と訳されてしまったのです．インタープリテーションには,自然,文化,歴史等,すべてが含まれます．そして公園利用者（ビジター）がこれらの大切な遺産を十分理解し,ずっと存在し続ければいいなあという思いに迄高めさせるのがインタープリターの仕事なのです．エコツーリズムの盛んなオーストラリアにおいては,インタープリターがいなければエコツアーとは認定されません．それほどこのインタープリテーションは重要な役割を担っている職業なのです．

3. インタープリテーションの歴史

3.1 国立公園のインタープリテーション

それではこのインタープリテーションという職業はいつ頃から始まったのかを考えてみましょう．インタープリテーションによるビジター教育は国立公園の目的の一つであり，自然を保護する上で大事な役割を担うものです．しかしこのインタープリテーションがいつ頃からどこで誰によって唱え始められたかについての定説はありません．オーストラリアのインタープリテーションの歴史の中には，国立公園制度ができる以前にアボリジニたちによってその土地の歴史や文化が口承されてきた行為もインタープリテーションであるとも言っています．コミュニティインタープリテーションの専門家で知られるミシガン州立大学のG. J. シュレーム教授も昔からコミュニティに伝わる話に対して同じような解釈を述べています（Cherem 1991）．そういう点から考えると，日本でもインタープリテーションという表現はありませんが，日本昔話や各地に伝わる民話，童話，各地の迷信，風習等が地域の人々によって語り継がれてきた行為もインタープリテーションと言えなくもありません．要するにインタープリテーションはコミュニケーションの一手段であり，どんな手段を特にインタープリテーションと呼ぶかは，個々の定義に委ねられるものだと思います．

国立公園についていえば，我が国においても公園管理にインタープリテーションが重要であることはいうまでもありません．特に近年エコツーリズムが盛んになるにつれてインタープリテーションの役割はさらに大きなものになってきています．また環境教育や自然とのふれあいを推進するために，環境教育の研究者，専門家，自然

保護活動実践家等が諸外国の例を研究し，また自分たちの活動をふまえて独自のプログラム等を作成，実施しているケースも増えてきています．

3.2 インタープリテーションの先駆者たち

3.2.1 ジョン・ミューア（John Muir）

いうまでもなくアメリカで名インタープリターと言われているのが，アメリカの自然保護の父，ジョン・ミューアです．ジョン・ミューアはヨセミテ渓谷で生計を立てる一手段として初期の公園利用者やハイカーを案内していました．ミューアの解説は人の心をとらえて離さず，またこれほど知識のある人間はいなかったと後にミューアの弟子が語っています．ミューアはこのヨセミテにいる頃にインタープリテーションの技術を磨き，また生態学やウイルダネスの生態系の構造等を理解し，このころに記した文に「インタープリット」という言葉を用いています．すなわち，「私は岩石をインタープリット（解説）し，洪水，暴風雨，雪崩の言語を理解し，氷河や野生の園と友になる．そしてできる限りその世界の心に近づきたい」と表現しています（Mackintosh 1986）．

3.2.2 エノス・ミルズ（Enos Mills）

ミルズは最初はホテル滞在客のためのガイドをしていましたが，後にアメリカで最初のネーチャーガイド学校を設立し，またロッキーマウンティン国立公園の設立にも貢献をしました．彼の自然保護運動へのかかわりは，偶然にもジョン・ミューアとの出会からでした．カリフォルニアのサンフランシスコ近くの海岸を歩いている時に，偶然に通りがかった人物に海藻について質問したところ，それがジョン・ミューアだったのです．この海藻についての会話から友

情にまで発展したのです．ジョン・ミューアは熱心に彼に自然保護運動への参加を勧め，またミルズの自然探検の話を発表するようにすすめました．ミルズは自然アドベンチャーガイド等，約20冊近い本を出版しましたが，今でもこれらの本はインタープリターに愛読されています (US National Park Service 2007).

3.2.3 フリーマン・ティルデン (Freeman Tilden)

フリーマン・ティルデンは元新聞社のコラムニストであり，作家だったのですが，彼が自分の生活を変えようと思い始めた58歳の頃に，彼の友人だったアメリカ国立公園局局長，ニュートン・ドゥルーリーに国立公園局で働くことを勧められ，それ以降ずっと国立公園局で働くことになったのです．ティルデンは国立公園についての本を書くために様々な公園を訪れていたのですが，そのうち公園におけるインタープリテーションプログラムの質を高めることが必要であると思い始め，やがて1957年にインタープリテーションに関する『我々の遺産を解説する』を書きあげて出版したのです (Tilden 1957) (US National Park Service 2007).

3.2.4 ウイリアム・J．ルイス (William J.Lewis)

ルイスは1980年に『パークビジターのために解説する』という本を出版し，特別な種類のインタープリテーションプログラムをする時の実践的な知恵やガイダンスを提供しました．テーマを持ってインタープリテーションすることを最初に提唱した人物で，後にこの思想はサム・ハムに受け継がれました (Lewis 1981)．ルイスの本もティルデンの本同様，この分野の古典書としてパークレンジャー達に利用され，インタープリテーションの職業化に役立っています．またルイスはインタープリター養成やコーチングのパイオニアにな

った人でもありました．

3.2.5　サム・ハム（Sam H.Ham）

　サム・ハムはアイダホ州立大学天然資源学部資源レクリエーション＆ツーリズム学科の教授で，国際トレーニング及びアウトリーチセンターの所長でもありましたが，彼は1992年に『環境インタープリテーション』を出版し，その中でインタープリテーションが他のコミュニケーションと異なる4つの要素について述べています（Ham 1992）．これらの要素はまさに職業としてのインタープリテーションについて言い当てています．それらの4つの要素とは

1.　インタープリテーションは楽しくなければならない
2.　インタープリテーションは適切でなければならない
3.　インタープリテーションは良く整理されていなければならない
4.　インタープリテーションはテーマがなければならない

3.2.6　ラリー・ベック（Larry Beck），テッド・T. ケーブル（Ted T.Cable）

　この二人は1998年に『21世紀のためのインタープリテーション』という本を出版し，将来のインタープリテーションはどの方向に向かうべきかを著しました（Beck & Cable 1998）．またミルズやティルデンの考えを元に，インタープリテーションの15の原則を打ち立てています．

4. アメリカの国立公園とインタープリテーション

4.1 その背景

　アメリカの国立公園におけるインタープリテーションの始まりは米国陸軍の騎兵隊がイエローストーン国立公園に駐屯して国立公園を管理していた頃からでしょう．兵隊たちはアッパー・ガイザー・ベイスンに駐留して，訪れるビジター達に間欠泉について説明をしていました．といっても，科学的に正確な説明ができたわけではありませんが，それでもビジターは兵隊たちによる解説を楽しんだようです．また初期のころはイエローストーンのホテルの従業員がガイドをしてチップをもらったりしていたようです (Mackintosh 1986).

　しかしアメリカ国立公園管理の歴史の中でインタープリテーションの役割が教育的目的を持って位置づけられたのは，1916年にアメリカ国立公園局基本法 "National Park Service Organic Act of 1916" が制定されてからです．国立公園の父といわれるステファン・マザーは国立公園局ができた一年後の1917年には，すでに資源インタープリテーションの計画に着手し，自分の資産を投じて，カリフォルニアのヨセミテ国立公園で，野外観察を講義してもらうためのナチュラリストを雇ったとも言われています．また1919年には，ステファン・マザーが鉄道での帰路，ヨセミテの環境が脅かされていることを杞憂しながらタホー湖のフォールンリーロッジに滞在したところ，そのロッジで開催されていたインタープリテーションに人気が集まっているのに気づきました．聞くところによると，このロッジのオーナーはスタンフォード大学で生物学の学位を取り，この自然解説や夜のネーチャートーク等のインタープリテーションがノルウェーのリゾート地で繰り広げられているのを見て，自分の

写真2 アメリカのパークレンジャーインタープリター

ロッジにも取り入れたと言うことでした．ステファン・マザーはこの方法によってヨセミテの天然資源の価値を理解してもらえるものと考え，翌年，早速ヨセミテとイエローストーン国立公園にナチュラリストの職員を配属し，アメリカのインタープリテーションが開始されたとも言われています（親泊 1998）．

1920年代に入るとインタープリテーションの企画立案方法や技術が革新され，ますます高度化されてきました．この時期から現在までを振り返ると，アメリカのインタープリテーションを三つの時期にわけることができます．第一段階は公園の特異な事柄をビジターに理解させるように努めた時期です．すなわち公園の珍しいもの，驚異的な自然について説明するやり方でした．したがってこれらは驚嘆すべき神の創造物として解説されました（親泊 1998）．

第二段階では諸々の動植物の関わり合い，生態学，景観等についての解説がなされるようになり，これらは必ずしも特異なものについてだけ解説するものではありませんでした．これは公園管理全般についての関心が高まった結果だと思われますが，その解説の範囲はまだ限られており，公園及びその周辺にどんなものが生息しているのかの解説にとどまっていました（親泊 1998）．

第三段階が現在ですが，現在の解説目的は公園利用者に対して環

境問題に関心が持てるように教育をすることであり，このような傾向になっていった理由は5つあります．

(1) 国立公園は周辺の景観と切り離して存在するものではない．
(2) 国の環境政策を支援するためのモデルや，基本原則を示す指針が国から求められている．
(3) 国立公園は自然遷移のモデルを示すものであり，林業のような持続可能な資源利用が行われる景観と比較対照されるものである．（アメリカは営造物制）
(4) 国立公園の利用者は高い教育を受けた人が多く，それだけ環境教育を受ける素地を持っており，また政策決定にも大きな影響を与える人々である．
(5) 人手での加わらない国立公園の環境は，新たな哲学や倫理観を生み出す可能性を秘めており，脱産業社会の価値観の転換を促し，新たな土地倫理を確立させる可能性を秘めている．こういった方向転換は長期目標であるが，将来の国立公園や環境全般の生態系のバランスを保護するために重要である．

このようにアメリカのインタープリテーションの基本原則である「教育」は1916年以来変わってはいませんが，それをどのようにするか，またどのような目標を設定して行われていくかについては社会変動とともにそのニーズが変わっているようです．上に述べたように過去のインタープリテーションはエンターテイメント色が強かったのですが，現在は見えるものを通して見えないものを見る（from tangible to non-tangible），感性を磨くことにより自然の尊さを理解し，自然，文化遺産等の資源を保護しようとする思想が養われてゆくことを努力目標にした解説プログラムがつくられているよ

うです(親泊 1998).

4.2 フリーマン・ティルデンのインタープリテーション論

1957年に出版されたフリーマン・ティルデンの『我々の遺産を解説する』(*Interpreting Our Heritage*)は，インタープリテーションのバイブルと言われていますが，ティルデンはインタープリテーションに関する6つの原則を打ちたてています (Tilden 1957). この原則の根底を流れているのが「愛」(Love)であり，資源に対する愛，及びその心を人々の間で分け合う必要性を説いています．この6つの原則とは

(1) ビジターの個性や経験に何かを訴えないようなインタープリテーションは無意味である．
(2) インフォーメーションはインタープリテーションではない．インタープリテーションはインフォーメーションに基づいて真実を発見することである．この2つは全く異なるものであるが，すべてのインタープリテーションはインフォーメーションを含む．
(3) インタープリテーションは芸術である．これは様々な芸術が組み合わされており，その材料は科学，歴史，建築等であったりする．どの芸術もまた教えうるものである．
(4) インタープリテーションの主目的は知識の伝達ではなく，刺激を与え誘発することである．
(5) インタープリテーションは全体を示すものであって，部分を示すものではない．またその人の全人格に向かって掲示するものであって，一部への掲示ではない．
(6) 子供に対するインタープリテーションは大人に対するイン

写真3　オーストラリア・コアラサンクチュアリの子供向けのインタープリテーション

タープリテーションの濃度を薄めたようなものであってはならない．根本的に異なったアプローチを取る必要があり，またその為の異なるプログラムも必要とされる．

　フリーマン・ティルデンは，インタープリテーションは単なる情報の伝達でもなく，公園内で見ること，やれる行事，イベントの一覧を提供するものでもなく，ビジターが不思議さと好奇心で胸を躍らせるようにさせることであると述べています．各個人が公園の資源をどれだけ感覚的に理解できるかによりますが，インタープリターは公園についての解説をすることでビジターたちができるだけ感覚的にとらえ，さらなる知覚を高められるようにする役割を担っています．その結果，ビジターと公園とのより良い関係が築かれるの

だと思います．したがって各国の国立公園におけるインタープリテーションの定義は異なりますが，どの国のインタープリテーションの定義にもティルデンの思想が影響しています．

4.3 アメリカの国立公園におけるインタープリターの条件と資質

それでは，アメリカの国立公園において，インタープリターになるにはどのような資質が求められているのでしょうか．アメリカ国立公園局の担当者にインタビューをした時には次のような条件を述べていました（親泊 1998）．

(1) 基本的には大学卒で関連分野の学士号を取得していること．例えば，生物，歴史，心理学，教育，ジャーナリズム，語学，造園等．
(2) 人が好きであること．
(3) アーティストであること．
(4) 文章力，表現力があること．
(5) 公園の特色，テーマ，そしてミッションを理解させる能力を持っていること．
(6) What ではなく，Why の心を引き出し，それに答える能力．
(7) 感性と知性を引き出す能力．
(8) 有形なものを無形なものに昇華させる能力．
(9) 「自然を思いやる心」，「自然を感じる心」を引き出す能力，そして自然保護の心を理解させる能力，そして自ら管理する心を持たせる能力．
(10) その場所に触れ，実体験し，そして自然を敬愛する心を持たせる能力．

どうですか，自分もなれそうだなあと思いましたか．私はこの資質についての話しを聞くまでは，インタープリターは自然好きの人がなるのだと思っていたのですが，実は何よりも「人が好き」でないとなれないとのことでした．それもそうですね，解説をする対象者は人間なのですから．したがって自分は自然が苦手だと思う人がインタープリターになれないということはありませんし，またその逆に人間が苦手だから自然の中で仕事をしたいという人も考える余地がありそうですね．

さて，アメリカの国立公園では毎年，フリーマン・ティルデン賞というのが栄えあるパークレンジャーに授与されます．その年の一番上手なインタープリターが表彰されるのです．そこでその賞を授与されたインタープリターのインタープリテーションを聞きに行ってきました．そして上手にインタープリテーションをやるコツを聞いてみました．すると次のようなアドバイスをもらいました．

(1) 声が大きい，ハキハキ話すなどの物理的効果もさることながら，何よりも一番うまい下手の決め手はその人の人柄そのものである．
(2) 時として何もしゃべらないほうが効果的な場合もある．
(3) 実体験を通した解説の方が迫力を感じてもらえる．
(4) 対象となるビジターによっては手法を変えることはあるかもしれないが，自分のスタンスは変える必要はない．
(5) オールラウンドである必要はない．何か一つ得意なものがあればよい．
(6) 個性的なインタープリテーションは人の心に残る．
(7) 少数を対象とした話し方の方が人の心を捉える．

確かに彼の言うことはごもっともです．私はワシントンDCで彼が解説するツアーに参加して彼が賞を取った理由を観察してみました．彼は歴史学で修士号を持っていると言うことで特に歴史が得意のようでしたが，アメリカ合衆国大統領エイブラハム・リンカーン像の前での解説はお見事でした．リンカーンのゲティスバーグでの演説として知られる「人民の人民による人民のための政治」というメッセージについて解説をする時に，何と古代ギリシャの民主政から解説を始めたのです．さらにはリンカーンが暗殺されたフォード劇場では，彼が解説をしている最中に小さい子供が彼の解説を邪魔し始めました．「ネーネー，おじさん，僕のパパの方がおじさんより力が強いよ〜」と，まったく関係のない話で邪魔をし始めたのです．しかしその時，彼は，ニコニコしながらスーッと大きな体を子供の目線までおろして，やさしそうに，「それじゃーあとでパパと勝負をしようぜ！　男の約束！」といって指切りげんまんをして，その子供を納得させ，何事もなかったかのように，再び立ち上がり解説を続けた時にはあっけにとられました．どうりで彼が受賞する訳だ，とその時つくづく思いました．

4.4　上手な，インタープリテーション

それではティルデン賞を取ったインタープリター程はうまくできないとしても，そのうまさに近づくコツはあるのでしょうか．一般にインタープリターが利用者に接する際にはどのような心構えをもつとよいのでしょうか．以下にその心構えをお話します．

(1) インタープリテーションを行う際に，ビジターにこの公園を訪れた時に何を心に残してもらうか，そのテーマ（メッセージ）をしっかり持って始めることです．例えば，単にその樹木

写真4　日光国立公園でのインタープリテーション実習の風景

について説明するのではなく，その樹木がこの公園にとってどのように大切なものであるかを訴えられるかということです．
(2) これから解説することについてのアウトラインを最初に簡単に話しましょう．これはビジターの関心を引くための最初の出だしとしてとても大切です．例えば，「今日は植物について話します．」というよりは「もし植物が我々と話ができるとしたら，この植物たちは我々に何と言うでしょうか？」そしてインタープリターは，植物が語るような調子で何を言いたいか，どのように言いたいかを説明すると，きっとビジターの関心をよりひきつけることができると思います．

(3) 解説には最後のまとめも大切です．インタープリターはビジターの心に残るようなエンディングを用意しなければなりません．終わりの話は一つの言葉であっても良いし，短い言葉や文章などでも良いと思いますが，比較的短い言葉の方が効果的であるような気がします．
(4) 解説する際にスライドやその他，いろいろな機器を使用する場合がありますが，その際には早めに準備をし，機器をテストし，部屋の状況等を調べ，一番効果的に使用できるようセットする心がけも大切です．

4.5 注意すべきこと

様々な場所で様々な公園資源を対象として，様々なインタープリターがインタープリテーションをやっていますが，おおむね以下のことを留意しながらインタープリテーションをやることが大切です．

(1) まずは直接体験がベストであり，資源に直接触れさせることが重要です．インタープリテーションはインフォーマルな教育であることを記憶しておきましょう．
(2) 利用者はまったくのボランティアの参加であり，自由意志での参加であることをわすれないで下さい．
(3) 参加者は通常，満足できることを期待しています．
(4) インタープリテーションはインスピレーショナルなものであり，かつ動機づけられるものであって，単なる知識の提供であってはなりません．
(5) インタープリテーションはビジターの態度の変化，知識の増加，行動の変化をもたらすことが目的です．
(6) インタープリテーションは物理的行動そのものですが，本

質的な価値に基づくものであり，そこから感謝，理解，そして本質的な価値を保護する気持ちを啓発させるものでなければなりません．

5. おわりに

　日本ではいまだインタープリターの資格制度がありません．以前環境庁が検討をした時にはインタープリターの資質として，1.ナチュラリストであること，2.プランナーであること，3.リーダー，オーガナイザーであること等の条件を並べ始め，それを聞きながら，ずいぶんアメリカのインタープリターの資質や条件と違うなあと感じたものです．

　実際，公園内での解説をする時には公園の法制度や公園計画，土地資源管理計画をきちんと把握しておく必要があります．また公園の歴史，科学，公園資源等，正しい情報に基づいてインタープリテーションをすることが必要ですが，アメリカの場合は何よりも第一の条件として「人間好き」をあげています．また私が数多くの日米のインタープリテーションを聞きながら思ったことは，アメリカのインタープリターは笑顔が素敵だということです．さらにジョークやアドリブがたっぷりです．ワシントンDCのフォード劇場で，何人かのインタープリターの説明を一日中座って聞いていたことがありますが，あるベテランの男性インタープリターは，最初に挨拶をしながら，「ご出身は」と，次々にビジターのグループに声をかけながら，彼らがアメリカのどの州からやってきているかを瞬時に把握して，その州と関連づけながら解説を進めていました．また，別のベテランの女性インタープリターは，解説をしながら歌を交えていました．また，黒人のインタープリターはラップ調の調子のいい

軽快な口調でインタープリテーションをしていました．聞いていると思わず踊りたくなるような雰囲気を作り出していました．もちろん若いビジターに大うけでした．若い新米女性インタープリターは自分のお父さんと同じような年代層に向かって，「My daddy is……」を連発しながらかわいらしく解説をしていました．どれをとっても大変個性ある解説で，これこそが個性的インタープリテーションで心に残るインタープリターということになるのではないでしょうか．したがって，インタープリテーションというのは特定のモデルや最高のモデルがあるのではなく，自分で公園の知識，訪れるビジターのタイプ，そして自分の経験と個性，この三つをうまくかみ合わせながら解説をするということではないでしょうか．

　先日テレビで3.11の東日本大震災で娘さんを亡くされたご両親が民宿を始めたというニュースが流れていました．亡くなった娘さんというのは，宮城県南三陸町の町職員の遠藤未希さんです．未希さんは防災無線のマイクを握り，最後まで町の人々に津波避難を呼びかけ亡くなられたのです．ご両親が亡き娘の思いを伝えたいと，平成26年7月2日に民宿「農漁家民宿未希の家」をオープンさせたのです．ご両親が語る娘さんの思い，その日のご両親の思い等，このご両親のインタープリテーションに特別な資格はいるのでしょうか？　改めて，インタープリテーションの資質と条件とは何と問いかけずにはいられません．

［文献］

親泊素子，1998，「インタープリテーションについて」尾瀬保護財団編『日光国立公園尾瀬地域利用者指導用マニュアル「改訂版」』尾瀬保護財団 VI-1-12．

―――．2007，「インタープリテーションってなあに?」江戸川大学現代

社会学科編『19歳のライフデザイン』春風社,172-171.
Beck,L.& Cable,T., 1998, *Interpretation for the 21st Century*. Champaign, IL: Sagamore Publishing.
Cherem, G.J., 1991, "Community Interpretation: the Key to appropriate tourism". Raymond S. Tabata and al. ed. *Proceedings of the Heritage Interpretation International Third Global Congress*, 60-64.
Ham, S., 1992, *Environmental interpretation: A practical guide for people with big ideas and small budgets*. Golden, CO: North American Press.
Lewis, William, 1981, *Interpreting for Park Visitors*. Philadelphia, PA Eastern Acorn Press
Mackintosh, Barry, 1986, *Interpretation in the National Park Service: A Historical Perspective*. Washington, D.C.: U.S. Department of the Interior.
2016年10月10日取得, http://www.cr.nps.gov/history/online_books/mackinosh2/origins...
Shankland, R., 1954, *Steve Mother of the National Parks*. New York: Alfred A. Knopf Publishing, Inc.
Tilden, F., 1957, *Interpreting Our Herigate*. Chapel Hill, NC: The University of North Carolina Press.
U.S.National Park Service, 2007, *Foundations of Interpretation: Curriculum Content Narrative, Interpretive Development Program: Professional Standards for Learning and Performance*. 1-24.

Fieldwork
訪ねてほしいフィールド

ブータン王国

　国全体に霊気が漂う,それがブータンです.しかし,電線の代わりにソーラーを,電話線の代わりに携帯を,投票箱の代わりにいきなり電子投票をと,よその途上国での発展プロセスを歩むことなくいきなり近代化したブータンという国は「世界の常識を裏切っている国」なのです.

　大国インドと中国に挟まれた小国ブータン王国は,経済的には世界の最貧国のひとつでありながら援助を断り自立を目指している国であり,法外な観光料金を徴収する国であり,開発より保全を優先する国であり,利便性より環境保全を優先する国なのです.

　国内をまわっていると,貧しい身なりをした人たちと良く出会いました

が，一度も物乞いには会いませんでした．日本の古着を着ている子供達，厳寒の真冬に素足で大きな穴のあいた靴を履いている子供達．しかし，悲壮感は見られません．道中，トイレ，電気，暖房などがままならず，物資も簡単に入手できませんでしたが，なぜか不思議な安心感がありました．

　旅の終わりに気づいたことは，自然の豊かさによる心地よさでした．深呼吸を何度も繰り返したくなるほど澄んだおいしい空気，谷沿いを流れる豊かな川の水量とその透明さ．一日車を走らせても，決して途切れることのない緑の森林回廊．自然の中に人間が吸い込まれていきそうな緑の深さと量のあるブータン．自然の中に人々の生活が見事に調和している国，それがブータンでした．

　ブータンのジグメ・シンゲ・ワンチュク第 4 代国王は，「ブータンは二周遅れのランナーと言われようとゆっくりとした開発をしながら，豊かな国づくりを目指すのです」と述べられ，経済指標の GNP ではなく，国民総幸福量の GNH（Gross National Happiness）を提唱されたのです．これは国民の幸せ感を国の発展の指標にしようと言うもので，アベノミクスとやらで，いまだに経済指標の呪縛から解き放たれない日本人にとっては誠に不思議な国と映るでしょう．

Book Guide

風の男　白洲次郎

青柳恵介著
新潮社, 1997

　白洲次郎と言う人物を, 人々は「従順ならざる唯一の日本人」,「風の男」,「プリンシプルを大事にする男」,「『葬式無用,戒名不用』の遺言を残した男」等と評して, その生き方に共感を覚える人も多いのですが, 私もその生き方に魅せられた一人です.

　白洲次郎は大正8年から昭和3年に金融恐慌で実家が倒産し, 帰国するまでの9年間, イギリスのケンブリッジに留学していました. その間, 彼がどのような留学生活を送っていたかを知る手がかりは少ないのですが, その9年の歳月の間に白洲次郎は白洲次郎になったと言われています. この本の中にこのような言葉が書かれています.

　「私利私欲を持って付き合おうとする人間を白洲ほど敏感に見抜き, それに対し厳しい反応を示した人を他に知らない. そして, そういう人間は白洲を怖い人と思うだろう. 白洲が晩年に至るまで, 仲良く付き合っていた人に共通した性格があった. 私心のない人, 大所, 高所に立って, 自分の考えや行動すらも客観的に捉えられる人, 本当の愛情のある人.」

　これはまさにイギリスのジェントルマンが持つ育ちの良さ, 人柄, 正義感, Noblesse oblige の精神構造を白洲もイギリスで身につけ, その品格ある生き方, 毅然とした生き方が, 白洲次郎を白洲次郎にしたのだということがわかります. 私は学生の皆さんにも「品格ある生き方」をして欲しくて, この本を推薦をする次第です.

第9章

地球温暖化防止への市民の力
市民は本当に省エネをしているか

伊藤　勝

写真1　地熱発電所のクーリング・タワー

写真2　オランダの風力発電

1. はじめに

「核の冬（Nuclear Winter）」[1]が心配されていたころ，地球温暖化も危惧されていました．大気中の二酸化炭素濃度の上昇が地球を温暖化させるということです．「核の冬」の心配がなくなったわけではありませんが，「人間活動」に伴う温暖化ガス（GHGs）の排出は増加の一途を突き進んでいます．口では「二酸化炭素の削減」を言いつつ，他者に押し付け，行動が伴わないと言われても仕方ない側面が見え隠れします．50年後には，ホワイト・クリスマスが，紅葉によるレッド・クリスマスになってしまうかもしれないと言われています．赤い服をまとったサンタクロースはどうするのでしょうか．

化石燃料の採取は資源探査や採掘技術が向上し，シェール・ガス，シェール・オイル，オイル・サンド，メタンハイドレート等などと，これまでの石油経済からの変化が進んでいます．石油資源の枯渇の危惧からの「解放」とでも言うのでしょうか．水素経済への道程はまだ見えていません．シェール・ガスなどの資源の利用が増大すれば，原油価格の低下などによるエネルギーコストの低下が生じ，二酸化炭素の排出も増加するかもしれません．同時に，エネルギー効率の向上，再生資源（エネルギー）の利用の拡大も進められています．これら効率化は，世界経済の進展（エネルギー消費の増加）に追いつくのでしょうか．エネルギー消費は，集水域を拡大する「大河」のように流量を増しています．我が国の投入エネルギーのGDP弾性値は1前後で安定していますが．

市民が，温暖化ガスの削減に直接的・間接的に貢献できることは，「大河」の流れからバケツや柄杓で水を汲み出し，流量を減らす程

度でしょう．しかし，「塵も積もれば山となる」から，汲み取る人々の数を増やせば，流況を変えることに繋がります．その貢献は，家庭における生活上のエネルギー消費や資源消費に係るライフスタイルを再考することから始まります．「コツコツ CO_2CO_2」削減する個人の努力がスタートになります．「無駄な努力」，「無謀な努力」で健康を害しては「元も子もない」ことになってしまいます．

　冷夏や暖冬であれば，エネルギー消費が「少なく」なり，名目的に節約されたように見えるのは当たり前のことです．2011年夏は，東日本大震災・津波災害があり，2010年夏との対比で，本稿の調査解析対象のほとんどの家庭で100kWh／月程度の電気消費量が少なくなりました．大災害の後，節電が叫ばれ，「達成できた」と言われました．2010年は猛暑であり，2011年の夏は消費量が少なくなるのは当然のことなのです．

　節電をするには，ライフスタイルに不都合が生じさせないように，エネルギーの消費削減ができるのかという，ノウハウも必要でしょう．近隣の方が，どの程度削減しているかという情報も，励みになり，継続的努力への弾みや励みになると思います．本稿では，家庭で使われるエネルギーのうち，特に電気の消費量の削減に関して，家庭の削減量の実態を明らかにする方法を示すことを目的としています．ガス（都市ガスやＬＰＧ）に関しても同様に調査・解析できるのですが，情報が少ないことから，本稿では言及しないことにしています．また，削減のノウハウも家庭の個別性が強いことから，専門書を参考にしてください．

2. 検証手法の開発と適用

2.1 開発調査 [10]～[14]

家庭におけるエネルギー消費の削減や省資源を把握し，生活の全体をコントロールすることは，多くの困難が伴い，継続性にも自信が持てないと思います．このような生活では，「生活のユトリ」を失ってしまうことになるでしょう．気楽に，楽しくやらなければ「継続性」は保障されないでしょう．

そこで，「領収書」が手元に残るものに限定すると，「忘れた！」への対応が可能です．最近は，「暮らしの電気，あなたらしく．電気家計簿」（東京電力のパンフレット）が電力会社から提供されるようになりました．これを活用しない手はありません．また，「スマートメータ」の設置も進んでいくと思います．しかし，家庭を取り巻く熱環境の情報がないと，名目的な削減量は算出できても，実質的な削減を評価できないのです．

名目的な評価だけで，実質的な評価ができなければ，口だけの「温暖化ガス排出削減」と同じことです．実質の削減を知るために注意しなければならないことがあります．たとえば，2010年夏を基準にした2011年夏の電気消費量を挙げることができます．2010年の夏は猛暑で，夜も30℃を下らない日が続き，夜間もエアコンを使うなどのライフスタイルを変える必要に迫られたのです．調査対象家庭平均で対2009年夏と比べると100kWh／月前後の「増加」が認められました．2011年夏は「平年並み」になり100kWh／月前後減少し，元に戻りました．この変動が削減努力の結果でないことは明らかです．このような名目的な削減ではなく，実質的な削減率（量）を算出・評価する方法を導き出すことを目的とし，この調

査・研究を進めました.

前述したように,本来は,家庭の消費エネルギー全般を守備範囲に置くべきでしょうが,課題があります.まず,電気とガスの消費量は検針月の領収書により月単位で取得できます.メータを毎日カウントすれば日単位での取得が可能です(エコメータなどを配電盤に接続することで,自動的に取得できます).灯油やガソリンは購入月日になります.日単位の計上はほとんどできません.自動車に関しては,その燃費(燃料消費量と走行距離)など,日単位で自動計測可能な機材はありますが,それほど普及しているわけではありません.また,照明や動力源は電気ですが,熱源としては各家庭で電気,ガス及び併用と差異があります.CO_2の負荷に関しても,太陽電池(太陽光パネル)を導入し,電力会社へ「販売」した分をクレジットとしてカウントするかなど,課題があります.

以上のような課題がありますので,電気消費に焦点を当て,電気消費は「個々の家庭のライフスタイルに依存する」と作業仮説を立て,一般化するための調査・解析を行いました.

2.2 ミラー点の設定 [15]~[18]

家庭のエネルギー消費には何らかの傾向があります.つまり,「家庭の電気消費量は冬季が最大で,夏季が次で,春・秋は少なくなる」ことに注目しました.気温と消費エネルギーの関係を捉えることが必要です.そのためには,データを収集しなければなりません.電気に注目すると,電気消費量は経時的にデータが容易に取れます.気温も同様で,まず,これらの調査から始めました.

5家庭で,電気消費(10分間隔)と庭先の気温(10分間隔)を観測しました.屋内の室温も測りましたが,電気消費との関係は複雑で,解明を諦めました.夏季の電気消費と気温の関係を調べた結

果,電気消費量の変化は気温に従属することが「経験則」的に導き出され,両者の積算値が,近似式として1次関数で示されることが判明しました.係数は各家庭の電気消費特性を示すものであること,また,線形(1次関数)の関係があるということは,解析に明るい見通しができました.

冬季のデータを解析する段になり,困った事態が判明しました.電気消費が多い冬季であるのに,気温の積算値は夏季より小さくなり,外気が零下であると,積算値は減少してしまうのです.夏季から冬季の取得データの解析を試み,「20℃をミラー点」と定義し,下記の関係式を設けました.

月間電気消費量 = 電気消費特性 × 積算ミラー温度
ここで,ミラー温度℃ = 20℃ − │20℃ − 外気温度℃│
(ミラー点温度に,ミラー点温度と外気温度の差の絶対値を加える)

本調査においては,10分間隔の外気温度℃から,ミラー温度の時間平均値を求め,時間平均ミラー温度を日平均ミラー温度℃ m とし,日単位で取り扱うことにしました.また,当該関数は,その性質から,原点を通る1次関数としました.

2.3 電気消費性向関数 [15]〜[18]

積算電気消費量 kWh と積算ミラー温度℃ m の関係が,電気消費性向係数で表されることは,前項の通りです.この性向係数は,各家庭の「電気を消費するライフスタイル」を表すものと考えております.つまり,「習慣性」を示すものです.この係数は,電気を多く消費する習慣がある家庭は,大きな値を示し,消費量が少ない家

庭は小さい値になることは，容易に理解できると思います．係数の大小は良し悪しを示しているのではありません．家族構成員が多い家庭は相対的に大きな値に，節電機器を多く利用している家庭は小さくなる傾向があると考えてください．

　節電の「習慣性」が強まれば，係数が小さくなっていくのです．図1で解説しましょう．解りやすいように，バレンタインデイに用意するベルギー製のチョコレートを想定してください．「本命チョコ」を彼に贈ろうと考えた時，為替レートが¥100/€であれば，¥1,000円で€10のチョコレートを贈ることができます．ユーロ高のため為替レートが¥140/€になってしまったら，€10のチョコレートを贈るには¥1,400必要になります．ユーロ高は，自分の意志では変えられません．いつものように本命チョコを贈るには¥400多く出費しなければなりません．反対にユーロ安になり，¥80/€になれば，¥200出費が削減され，¥800で済みます．ユーロの為替レ

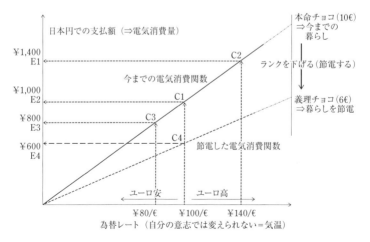

図1　電気消費性向関数とその読み方

ートを外気温と考えれば，わかると思います．

6€の義理チョコに格下げすれば，為替レートが¥100/€であれば，¥600円の出費になります．¥400削減したことになります．節電とは，ライフスタイルの中にある「無駄」を省き，「無謀」な目標を定めず，節電機器に買い替えるなどによるライフスタイルの変革なのです．高いチョコレートで本命を射止めるのではなく，チョコレートの格下げを超す愛情でカバーすることと同じなのです．

2.4 エコノートの解析

電気消費と外気の関係の解析を進めると同時に，流山市の美田自治会とNPO温暖化防止ながれやまと協力し合い，エコノートの調査も行いました．電気消費性向関数を求め，個別の家庭の電気消費削減を見ているだけでは，社会で，地域で，どの程度電気消費を削減しているかはわかりません．広がりを持った評価ができないのです．エコノートを活用することにより，この壁を突き破ることを目論見ました．

エコノートは，いわゆる「環境家庭簿」を簡略化し，参加容易性と継続性を目論見，美田式エコノートと呼称しています．エコノートでは，月毎に電気消費量（検針月），ガス消費量（検針月），灯油購入量（購入月），水道使用量（2ヶ月毎），ガソリン購入量（購入月）その他を記載していただきます．2010年度から開始しました．電気とガスの領収書には前年同検針月値も記載されていますので，当該2項目は2009年度から入手できました．

プライバシーの問題がありますので，解析結果は個別に報告しました．報告内容は，月別の変化，前年との比較，二酸化炭素の排出換算値，解析対象家庭全体の平均との比較，2011年からは100分位（全家庭を100戸に換算した場合の当該家庭の位置：パーセンタ

イル）を報告しました．

電気消費量に関する解析を次章で述べますが，エコノートの調査結果解析の全般に関しては，別の機会に報告できればと思います．

3. 実質電気消費量の推算

3.1 ミラー温度の算出

2013年で，電気とガスのメータは約5年分（2009年4月～2013年12月）になりました．この5年間で「本当にエネルギー消費量を削減したのか」を検証することにしました．しかし，前述した電気とガスが持つ特質を統一的に解釈できていないことから，電気消費に絞ることとしました．

この間，2011年3月の東日本大震災もあり，検針（＝月間消費量）に乱れはありました．しかし，次月で補正されていることから問題はないと判定しました．加えて，2012年は閏年であることを念頭に置いて解析することにしました．2010年調査では約190家庭の参加がありましたが，残念ながら年々減少し，参加者も入れ替わり，2009年から2013年まで連続したデータが利用できる家庭は41戸でした．同数程度の家庭では1年分のデータが欠落し，4年分になってしまいましたので，今回の解析対象から外しました．

解析を行うに際して，以下にその考え方で行いました．まず，外気温について述べます．

① 気温は，流山水道局屋上に設置してある気温データを用いる．[2)～9)]

欠測がある場合は，近接地に設置してある温度計の値を用いる．
② ①を用い，2009年4月～2013年12月の10分間隔の気温を

ミラー温度に変換し，時間平均値（正時の平均値）を用いて，日平均値℃mとする．

流山水道局屋上の気象観測結果を用い，2009年1月～2014年2月まで，10分間隔のミラー温度から求めた月平均値℃mを図2に示しました．2010年夏季は猛暑でした．2012年，2013年は2010年に比べて1℃ほど低下しますが，2011年は2℃，2009年は3℃低い値になっています．

冬季の平均気温の概要を把握するには，20℃以上の時間帯があるとぶれますが，40℃から当該月のミラー温度を引くことで想定できます．たとえば，2012年1月は40℃から37℃mを差し引いた約3℃ということになります．2010年は5℃，2011年，2012年，2014年は4℃となり，2010年は相対的に暖冬ということになり，電気消費量は少なかったのではないかと推察することにも使えます．

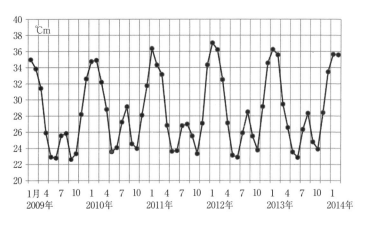

図2　月平均ミラー温度℃mの変化（流山市水道局屋上）

3.2 エコノートへの適用

エコノートの電気消費量は，検針月の電気消費量が記載されています．たとえば7月13日の検針値を400kWhとしますと，7月の電気消費量として400kWhと記載されています．つまり，6月後半の電気消費量と7月前半の電気消費量の和が示されていることになります．検針日は地域により，年により異なることがあるため，広域での比較には適していません．10日の差は無視できるものではありません．そこで，歴月での電気消費量に換算できれば，1日から月末までとなりますので，広域での比較ができることになります．

電気消費量の積算値は，ミラー温度の積算値の1次関数（線形）で示されることは前述しました．この線形特性を用い，変換方式を決めました．

③　検針月電気消費量を歴月電気消費量に変換する．（図3）

前月の検針日翌日から月末までの積算日平均ミラー温度と1日から検針日までの積算日平均ミラー温度を按分比とします．この按分比を用いる変換方法は，以下の通りです．

検針月の電気消費量Wは，前月の検針日の次の日から月末まで（日数D1）と，一日から検針日まで（日数D2）の電気消費の和とします．D1期間のミラー温度の積算値M1，D2期間のそれをM2としますと，次の式で按分します．

　　D1期間の電気消費量 = M1／（M1+M2）× W
　　　　　　　　⇒　検針月の前月の電気消費量分
　　D2期間の電気消費量 = M2／（M1+M2）× W

⇒ 検針月の電気消費量分

このため，2009年4月と2013年12月は，2009年3月と2014年1月の検針データがないため按分できません．

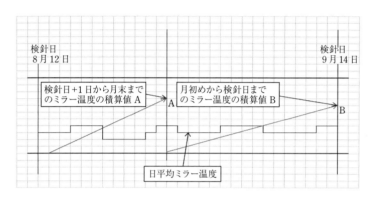

図3 検針月電気消費量の歴月電気消費量への按分の考え方

名目及び実質電気消費削減量を求める方式を，下記の通り決めました．

④ エコノートの電気消費量を歴月消費量に按分し，同歴月で比較した削減量を名目削減量，削減率を名目削減率と呼ぶこととします．
⑤ 電気消費性向関数を用いた推算歴月電気消費量と①の歴月電気消費量の差分を実質電気削減量と呼ぶ．また，同歴月の電気消費特性係数の比を削減係数比と呼ぶ．

3.3 電気消費量
3.3.1 戸別の月平均電気消費量

調査期間（55ヶ月）の戸別の月平均電気消費量は図4の通りです．最も少ない家庭は200kWh／月に満たない量でしたが，最も多い家庭は950kWh／月になります．700kWh／月を超える家庭は，オール電化の家庭です．オール電化の家庭を除くと，最も多く電気を消費している家庭は約550kWh／月で，最も少ない家庭の約3倍弱になります．

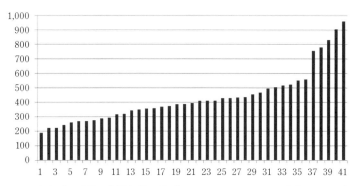

図4　家庭別歴月月平均電気使用量（2009-05〜2013-11：単位 kWh/月）

3.3.2 検針月電気消費量の推移

エコノートに記載してある通りの電気消費量は，前述しましたように，検針月表示となっています．41戸平均の電気消費量（2009年4月〜2013年12月）を図5に示します．

電気を多く消費する冬季の山と，夏季の小山が読み取れます．また，同月でも年が違うと異なる曲線を描くことが読み取れます．これらは，年により検針日に変動する場合があり，検針月の日数も異

なることによります.この変動を少なくするには,検針月電気消費量を日平均値に直して表示すると改善されます(省略).

この変動を1次近似式で求めてみました.結果は,

$$Y = -1.1011 \times X + 464.81$$

ここで,Yは検針月平均電気消費量(kWh),
  Xは検針月経過月数(X = 1 は 2009 年 4 月)

と示されます.月平均1.1kWh程度電気消費量は削減されています.実際は逓減曲線などで近似されると思われますが,短期間であることから,線形近似で求めました.

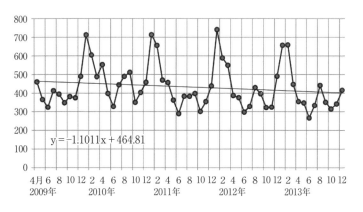

図5 全41戸検針月平均電気消費量の推移

3.3.3 歴月電気消費量の推移

41戸各々の検針月電気消費量を,ミラー温度の日平均値を用い,歴月電気消費量へ按分します.按分された各家庭の電気消費量の平

均した歴月電気消費の推移を図6に示しました．検針月電気消費量のグラフより，不規則的な変動は減少することが読み取れます．

また，按分の関係で，2009年4月と2013年12月は算出できませんので，月別歴月電気消費量は2009年5月〜2013年11月の52ヶ月の推移を示しました．

検針月電気消費量と同様に，消費量の線形近似式は，

$$Y = -1.0581 \times X + 464.22$$

ここで，Yは歴月平均電気消費量（kWh），
　　　　Xは歴月経過月数（X = 1は2009年5月）

と示されました．この式が広域で比較できる名目電気消費量の推移関数になります．名目的に，月平均1.06kWh削減していることになり，外因性の削減（気温など）と内因性（実際に削減した量）が混在しており，「本当に」削減したかは判断できません．

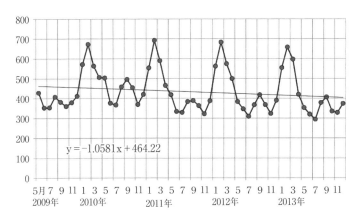

図6　全41戸歴月平均電気消費量の推移

4. 実質電気消費削減の推算

4.1 電気消費性向係数

各家庭の歴月電気消費量と積算ミラー温度から，2009年5月〜2013年11月までの歴月別電気消費性向係数を求めました．全41家庭の電気消費特性係数の歴月平均値を図7に示しました．図から，2010年9月，8月が大きな値になっています．これは猛暑による影響です．2月は2011年と2013年，3月は2010年と2012年，4月は2010年が大きな値になっています．また，4月から7月は経年的に係数が小さくなる傾向が認められます．このことから，暖期は節電傾向を読み取れますが，寒期は年による変化はありますが，節電の傾向を読み取ることができませんでした．

次に，各家庭の消費性向係数の経年変化の傾向値として近似式を求め，その近似式の係数を少ない順（削減率が大きい家庭から，増加している家庭の順）に，図8に示しました．この係数は，月平均

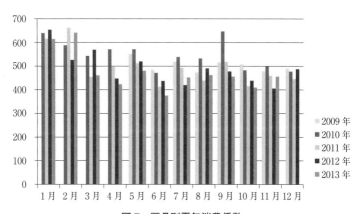

図7　歴月別電気消費係数

どの程度の電気消費を削減／増加しているかを示しています．マイナス2とは，月平均2kWh削減していることを示しています．1kWh／月程度電気消費量を増加している家庭は4家庭であるのに対し，2kWh／月以上削減している家庭は，14家庭ありました．ただし，1家庭の削減量は際立っており，ライフスタイルに大きな変化があったと思われます．

結論として，多くの家庭で「電気の消費が削減されてきている」ことを示しますが，この傾向が「節電の結果である」と断言することはできません．

4.2 実質削減量の算定

これまで述べてきましたように，歴月の積算ミラー温度と各家庭の電気消費量から，各家庭の歴月電気消費性向関数が求められます．削減量を推算する場合，基準となる期間を決めなければなりません．本稿では，調査初期の2009年5月から2010年4月を基準期間としました．つまり，この期間の各家庭の月別電気消費性向係数が，各

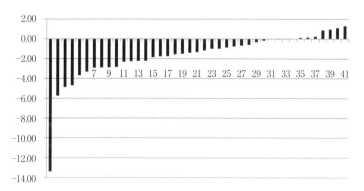

図8　戸別の電気消費特性係数の変化係数

家庭の電気消費に係るライフスタイルと考えることにしました．

各家庭の基準期間の月別電気消費性向係数を用い，推算する歴月の積算ミラー温度から，2010年5月から2013年11月までの歴月別電気消費に係る推算量が求められます．本来は，戸別に，またはウェイト付けして求めるのですが，今回は簡便に41戸の性向係数の推算値を平均して求めた経年変化の電気消費量を2009年トレンド値とし，図9に示しました．特徴的なことは，

① 2010年8月と9月の実際の電気消費量がトレンド値に比べて50〜100kWh程度多くなっている，
② 冬季はトレンド値と実際の消費量にほとんど差が認められない，
③ 経年変化として，実際の電気消費量がトレンド値を下回る傾向が認められる，

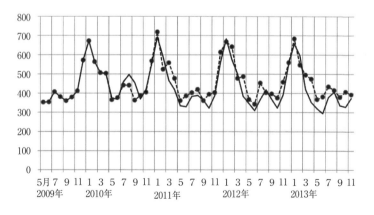

図9　2009年5月から2010年4月を基準とした電気消費量の変化
（全戸平均 単位 kWh／月　　──実績値，●---●トレンド推計値）

と言えます.冬季の電気消費量削減が難しいことを表しています.

4.3 電気消費量の実質削減量評価

前述のことから,調査対象の41家庭は,平均的に削減が実っていることがわかりました.この効果をわかりやすく示すために,2010年5月～2013年11月の全戸平均の削減量(2009年トレンド歴月電気消費量―実際の歴月電気消費量)を図10に示しました.この歴月削減値の時系列グラフから1次近似式を求めると,

$$Y = -1.582 \times X + 7.4617$$

ここで,Yは月平均電気削減量kWh／月,
　　　　Xは2010年5月を1とする経月数

で示されました.実質的に約1.6kWh／月で削減しているという

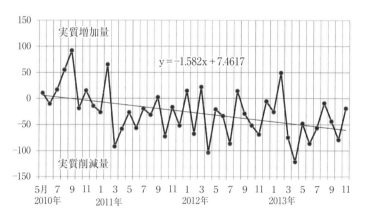

図10　実質電気削減量の推算値とその傾向関数(単位　kWh/月)

表1 電気消費削減量

2009/5/1～2010年4月 基準	月平均電気消費量 kWh	
	1戸当り	41戸計
2010年5月	5.9	241.1
2010年10月	−2.0	−83.2
2011年4月	−11.5	−472.4
2011年10月	−21.0	−861.6
2012年4月	−30.5	−1,250.8
2012年10月	−40.0	−1,639.9
2013年4月	−49.5	−2,029.1
2013年10月	−59.0	2,418.3

評価になりました．前述しましたように短期間での評価ですので線形近似を用いました．

この削減関数を用いた実質削減電気量を，1家庭あたりと，41家庭全体でどの程度になるか試算してみました．結果は表1に示す通りで，約40ヶ月後に，1月当り，1家庭で約59kWh, 41家庭で約2,400kWhになると推算されました．

ただし，これら41家庭は4年間，エコノートを記載し続けた家庭であるというバイアスがあることは否めません．しかし，コツコツと電気消費量の削減をしている市民がいることを明らかにできました．名目的にも40kWh／月・家庭の低減はありましたが，外因性要因を含んでおりますので，この値をもって「削減量である」ということはできないという結論も得ました．なお，2010年夏の猛暑により，多めの削減量の推算になっている可能性はあります．

5. 調査・研究の終了に際して

地球の原始大気は高温で，ほとんどが二酸化炭素であり，海水に溶け込んでいきました．炭素はサンゴ礁（石灰岩 $CaCO_3$）として固定されていきました．その後，藍藻類が出現し，光合成により水中の二酸化炭素を取り込み，酸素は水に溶け込み，過飽和状態になった酸素は大気へ放出されました．この酸素を利用する生物が出現

しました.生物に取り込まれた炭素は,現在,化石燃料と呼称される化石として固定化し,現在の大気の混合比（$N_2:O_2 ≒ 4:1$）になりました.炭素に焦点を当てると「還元プロセス」と言えるでしょう.その結果,大気中には酸素が,地中には石炭や石油が固定・蓄積され,海中では「溶存二酸化炭素」とサンゴ礁として蓄積されました.そこに人間が出現し,人間活動が固定・蓄積された炭素や炭化水素を使い（酸化）,地球を「酸化プロセス」（$C \rightarrow CO_2$）の軌道へと舵をとり,大気中の二酸化炭素の濃度を高め,「原始地球」への接近を始めたのです.もちろん,「原始地球」に戻るわけではありませんが.

「還元プロセス」のエネルギー源は,太陽からのエネルギーと地球内部からのエネルギーです.これらは「物理的エネルギー」で,主なものは,光エネルギー（広義的には電磁波）や熱エネルギーです.これらのエネルギーを活用し,地球環境は還元化されてきたのです.

「酸化プロセス」への方向転換は,「還元プロセス」で蓄積された「資源」を,酸化することで得られる「化学的エネルギー」を大量に利用し始めたことです.「化学的エネルギー」に依存し続ければ,地球の温暖化は「必然の帰結」の1つでしょう.

地球温暖化のスピードを遅くするには,「化学的エネルギー」の依存率を下げ,「物理的エネルギー」の活用を高めることです.太陽光,太陽熱,地熱（高温岩体）,風力,水力,潮力,波力,海洋温度差などの利用が必要です.また,バイオマス（生物資源）の活用は,再生サイクルは短期間で行われますが,効果があると思われます.

他方,経済的に利用できる「資源」は,探査技術,採取・採掘技術,精製技術の進展と,エネルギー効率の向上で増加・多様化して

います．シェール・ガス（オイル），オイル・サンド，メタンハイドレートなどの資源や，太陽光（熱）発電，ヒートポンプ，燃料電池などの経済性向上と技術革新があります．エネルギー源の選択の場では，技術の高度化の下，安全性と経済性，地球温暖化防止への貢献度など，鬩ぎ合いが続いています．

　このような大きな流れの中，市民ができることは，確かに微々たるものです．大河は一滴の雨，バケツ一杯の水の集合からなっています．市民が消費するエネルギーはバケツの水であり，「無駄を省く量」は雨滴かもしれません．一人ひとりの市民が，バケツを知り，無駄を知り，雨滴を知ることができれば，大河の流れは変わる（と信じます）．この変革に，本稿が一助になれば幸いです．

［謝辞］
　本稿は，2006年から続けている流山市委託事業の熱環境観測調査（流山市みどりの課），低炭素まちづくり調査（流山市環境政策課：当時）と市民との連携による調査を基礎としています．熱環境定点観測調査は，日本大学の森島済教授と日本大学の学生に負うところが多く，感謝しております．同時に，NPO温暖化防止ながれやまと流山市の美田自治会など市民の皆さんと共同し，継続的にエコノート調査，ゴーヤカーテン調査ができたことに感謝いたします．これらの調査結果を用い，総合化へ向けた解析は継続的に伊藤研のゼミ生によって進められました．特に，卒業生である下里竜太君，金田千秋さん，葉山海太君をはじめとする卒業生の研究は，本稿の基礎を築いていただきました．また，10年計画である流山市熱環境観測調査の総括に向け，高岩知成君，藤沼洋平君他の尽力に感謝いたします．最後に，これらの調査研究をサポートしてくださった江戸川大学の恵先生（現，内閣府），土屋先生，林先生，廣田先生に対して，心から感謝いたします．
　なお，江戸川大学と市民活動（NPO温暖化防止ながれやま，ながれやまゴーヤクラブ，美田自治会他）による成果は，「美田エコノート調査報告書」（2010〜2013年版），「ゴーヤカーテン調査報告書」（2012，2013年版）

として纏めることができました．

[資料]
＊本研究に関する調査・研究・報告は下記に示す通りで，本文中には，関連する箇所に以下の資料番号を付した．
1) Nuclear Winter, Carl Sagan, et al ,1983.
2) 流山市・江戸川大学，2007，『平成 18 年度 熱環境現況観測調査業務委託報告書』，流山市・江戸川大学．
3) ————，2008，『平成 19 年度 熱環境現況観測調査業務委託報告書』流山市・江戸川大学．
4) ————，2009，『平成 20 年度 熱環境現況観測調査業務委託報告書』流山市・江戸川大学．
5) ————，2010，『平成 21 年度 熱環境現況観測調査業務委託報告書』流山市・江戸川大学．
6) ————，2011，『平成 22 年度 熱環境現況観測調査業務委託報告書』流山市・江戸川大学．
7) ————，2012，『平成 23 年度 熱環境現況観測調査業務委託報告書』流山市・江戸川大学．
8) ————，2013，『平成 24 年度 熱環境現況観測調査業務委託報告書』流山市・江戸川大学．
9) ————，2014，『平成 25 年度 熱環境現況観測調査業務委託報告書』流山市・江戸川大学．
10) ————，2010，『平成 21 年度 流山低炭素まちづくり研究センター業務報告書』流山市・江戸川大学．
11) ————，2011，『平成 22 年度 流山低炭素まちづくり研究センター業務報告書』流山市・江戸川大学．
12) 伊藤勝，下里竜太，平手彰，2010，「戸別の低炭素化ライフスタイル評価の全市的展開の可能性」2010 年度環境アセスメント学会年次大会．
13) 下里竜太，伊藤勝，2010，「低炭素まちづくりのための住居空間における熱環境調査」，2010 年度環境アセスメント学会年次大会．
14) 平手彰，伊藤勝，下里竜太，2010，「環境家計簿と熱環境調査を用いた定量的な家庭の省エネ活動の可能性」2010 年度環境アセスメント学

会年次大会　ポスター発表.
15) 金田千秋, 加瀬豪, 伊藤勝, 2011,「『検針月』電気使用量の『歴月』電気使用量への変換——変換方法の提案とその活用方法」2011年度環境アセスメント学会年次大会.
16) 葉山海太, 金田千秋, 伊藤勝, 2011,「流山市民の『検針日』電気使用量の『歴月』化用D／Bの試作とマッピング ——流山市熱環境調査結果をベースとして」2011年度環境アセスメント学会年次大会.
17) ITO, M., "Evaluation Methods on CO2 Reduction by Residents", *International Association for Impact Assessment,* Puebra, Mexico, 2011.6
18) ITO, M., "Characteristics of Household's Energy Saving in Japan", *International Association for Impact Assessment,* Porto, Portugal, 2012.6

Fieldwork
訪ねてほしいフィールド

ゼミやフィールド研修で訪問した主な県は，栃木県，京都府，茨城県，愛知県などです．栃木県は，環境アセスメントから始まり，公害防止計画策定，廃棄物処分場アセスなど，40年近く通っています．そこで，日帰りできる県内の3か所をお勧めします．

日光例幣使街道と東照宮など「二社一寺」
（世界文化遺産：日光市）

日光例幣使街道は，徳川家康の没後，東照宮に幣帛(ヘイハク)を奉献するための勅使（天皇の代理として使者）が通った道です．例幣使街道の杉並木は，日光市から鹿沼市にかけて現存します．夏，歩きで通れば，並木の有難さが実感できるでしょう．

日光街道の有名な太郎スギの樹齢は550年程度と言われています．二社一寺内のスギも同程度（杉並木のスギには若いものもあります）で，風害

等による倒木の危険性があり，文化財損傷の可能性があります．災害はこれまでもあり，鳴竜のある薬師堂は焼失し，再建されています．文化財だけを見るのではなく，文化財と一体的に存在する樹木の維持・管理や防災の視点で見るのも楽しいものです．（写真は唐門とワイヤーで固定されたスギの木）

日光だけでなく，京都の三十三間堂などでも消火用放水銃はまじかに見ることができます．

・・・・・・・・・・・・・・・・・・・・

上侍塚古墳と笠松神社（国宝：大田原市）

上・下侍塚古墳は西暦400年ごろの築造と推測さる前方後方墳（前も後ろも四角形の墓）です．徳川光圀の命により，日本最初の古墳発掘という学術発掘調査が行われ，墳丘の盛土崩壊を防ぐため松が植えられたということです．

草地に倒れていた石碑（那須国造碑(ナスノクニミヤツコノヒ)）の碑文は風化せず，解読され，笠石神社に祀られています．昭和27年には国宝に指定されました．拓本は，神主さんの「有難い」お話をお聞きし，購入できます．

那須の扇状地（観光地：那須塩原市）と那須疏水公園

　那須高原や扇状地は，別荘地として，観光地として，名を馳せていることは周知のことです．しかし，利用されないテニスコートや別荘地の売れ残りなども存在します．これらの土地の活用法として，廃棄物の処分場（安定型）や中間処理場の建設・操業がなされています．街道は樹林で覆われていますので，これらを直接見ることはできません．跡地利用を含め，あまり問題が提起されていないということは，「それなりに」上手くいっているのでしょう．

　宝探し気分で，サイト探しを試みてはどうでしょうか．サイトが見つからなくても，那須の良さを見つけ，体験することができると思います．少し足を延ばせば，火山（茶臼岳）や温泉（板室など），疏水，スキー場，牧場，ゴルフ場などもあります．

Book Guide

赤い蝋燭と人魚
小川未明 著

ロウソクの科学
THE CHEMICAL HISTORY OF A CANDLE
MICHAEL FARADAY 著

　前者は，1921年に創作童話として発表されたものであり，後者は1860年，植字工であった大科学者，ファラデーによる，英国王立研究所のクリスマス講義を編集したものです．

　「赤い蝋燭と人魚」は，人間が潜在的に持っているエゴイズムと，半人間である人魚（同一規範外の者）が抱く怨念をテーマにした童話です．ロウソクを介在させ，「心の葛藤」を表現しています．他方，絵ロウソクとの差はあるかもしれませんが，後者はロウソクを見つめ，科学的思考を解く書物です．

　異形者に対する人の行動は，異民族や異教徒への嫌悪として，現在も世界各地で見ることができます．ロウソクの燃焼を科学的に見ると，和ロウソクも洋ロウソク（？）も基本的に差異はありません．「人と人魚の軋轢の空しさ」を子供の目線で気づかせ，燃焼という現象は「科学的に同一」であることを納得させてくれます．

　一緒に読んでみてください．同じものを，「情念」と「科学」，真逆の視点で見ることができるのです．世に蔓延る差別感（観）の「アホらしさ」に気づくかもしれません．

　両著とも，多くの書店から出版されておりますので，読みやすい本を選んでください．

第10章

CEPAツールキットと対話型講義

吉永明弘

写真1,2 通学路にも魅力的な場所がある

1. 「環境倫理」と「環境教育」の授業の目的

　私の専門は環境倫理と環境教育です．環境倫理について，どのようなイメージを持たれているでしょうか．もしかしたら，環境倫理は，次の「十戒」のようなものとしてイメージされているかもしれません．

- 汝，自らの生命を崇め，生存を司る地球を愛でよ．
- 汝，日々を地球に捧げ，季節の変化を祝え．
- 汝，他の生物の上に立つことなかれ．また，彼らを絶滅に導くことなかれ．
- 汝，自らを育みし動植物に食卓で感謝の祈りを捧げよ．
- 汝，おびただしい数の人間は地球の重荷となる故に，自らの子孫を制限せよ．
- 汝，殺すなかれ．地球の富を武器や戦争のために浪費するなかれ．
- 汝，地球の犠牲の下に利益を追及せず，その損なわれし威厳の回復に務めよ．
- 汝，自らの行動が地球にもたらす結果を己や他人の目から隠すことなかれ．
- 汝，地球を不毛にしたり毒を盛ることによって，来るべき世代から奪うことなかれ．
- 汝，あらゆるものが地球の恵みを分かち合えるよう，物質を控えめに消費せよ．

（カプラ＆カレンバック 1994：227-228）

環境倫理の授業では，こうしたメッセージを学生に伝えているのかな，と思われるかもしれませんが，実はそうした道徳教育的なことはほとんど行っていません．また，「ゴミのポイ捨てをやめましょう」「こまめに節電しましょう」といった類の倫理を学生に呼びかけることも，授業の主目的ではありません．むしろ，なぜそのような倫理が必要なのかということ，つまり倫理を守る理由を考えてもらうことが，授業の主眼になります．

環境教育の授業では，「ゴミのポイ捨てをやめましょう」「こまめに節電しましょう」といったメッセージを，どのように伝えれば効果的に伝わるのか，ということを検討しています．つまり教育をコミュニケーションの問題として考えていきます．

環境倫理の授業でも，環境教育の授業でも，教壇から一方的に講義をするだけではなく，さまざまな工夫を凝らしています．その大きなヒントとなったのが，生物多様性に関する「CEPAツールキット」と，近年ハーバード大学のマイケル・サンデル教授の講義などで話題を集めている「対話型講義」というやり方です．以下では，「CEPAツールキット」と「対話型講義」の問題意識をふまえて，普段どのような授業を行っているか，紹介してみたいと思います．

2.「CEPAツールキット」における確実なコミュニケーションのための留意事項

「CEPAツールキット」は，生物多様性条約（CBD）事務局によって，生物多様性という言葉とその中身を確実に普及させるために製作されたものです．現在WEB上で公開されています（http://www.cepatoolkit.org/）.

CEPAとは，Communication, Education and Public Awareness（コミュニケーション，教育，普及啓発）の頭文字です．そのツー

ルキットは，生物多様性の普及啓発のためのマニュアル，心構え，ヒント集のようなもの，と考えることができます．

例えば，情報を発信する際には，その目的を明確にすることが必要である，といったことが書かれています．つまり，聞き手に「知識」を与えたいのか，聞き手の「態度」を変えたいのか，それとも聞き手に何らかの「行動」を起こしてもらいたいのか，その違いに応じて情報発信のしかたは違ってくるだろう，というのがCEPAツールキットの考え方なのです．

特に，何らかの「行動」を起こしてもらいたい場合には，情報をただ伝えればよいというわけにはいかなくなります．CEPAツールキットによれば，

1) 言ったことは，必ずしも聞かれるとは限らない
2) 聞かれたとしても，必ずしも理解されるとは限らない
3) 理解されたとしても，必ずしも同意されるとは限らない
4) 同意されたとしても，必ずしも行動に結びつくとは限らない
5) 行動に結びついたとしても，繰り返し行われるとは限らない

とされています．単純に情報を伝えることと，何らかの行動を起こしてもらうことの間には，このようにいくつものハードルがあるのです．

ここで，環境に関するコミュニケーションとして，「離島に上陸する前に靴の裏などをきちんと拭くことを，旅行者に徹底させる」という例を考えてみましょう．

外との交流があまりなかった離島では，独自の生態系が発達していることがあります．逆にいうと，これまでいなかった生物種が外から入りこむと，もともとの生態系が損なわれるおそれがあります．

そこから，離島の生態系を守るためには，旅行者に，離島に上陸する前に靴の裏などをきちんと拭くことを徹底してもらうことが必要になるのです．

2.1 「言ったことは，必ずしも聞かれるとは限らない」

そこで，観光などで離島に上陸する人々に，旅行前の説明会などで，「外来種の種が入りこまないよう，靴の裏などをきちんと拭いてください」というメッセージを伝えたとしましょう．それを旅行者がきちんと聞いているかどうか，が第一の関門になります．聞き流されることもあるでしょうし，そもそも聞こえていない（声の大きさ，おしゃべり，睡眠などによって）という可能性もあるでしょう．ですから第一に重要なことは「聞いてもらう」ということです．

2.2 「聞かれたとしても，必ずしも理解されるとは限らない」

次に，聞かれたとしても，その重要性が理解されていないかもしれません．「外来種の種が島に入りこまないよう，靴の裏などをきちんと拭いてください」というメッセージだけでは，決まりを押し付けられているように受け取られ，何でそんなことをしなければならないのか，という疑問をもってしまうかもしれません．そこで，「なぜ外来種が入りこまないようにしなければならないのか」を丁寧に説明することによって，上陸前に靴の裏などをきちんと拭くことの重要性を理解してもらうことが必要になります．

2.3 「理解されたとしても，必ずしも同意されるとは限らない」

三つ目に，外来種対策の重要性が理解されたとしても，自分一人くらいは大丈夫だろう，という考えをもたれるかもしれません．そこで，自分に関わりのあることなのだ，行動しなければいけないの

だ，ということを納得してもらうことが重要になります．そのためには「靴の裏を拭かないと本当に外来種が入りこんでしまうのか，そういう例があるのか」などについて，具体的に説明し，靴の裏を拭くことに同意してもらう必要があります．

2.4 「同意されたとしても，必ずしも行動に結びつくとは限らない」

四つ目に，外来種対策の重要性が理解され，靴の裏を拭くことに同意していたとしても，いざ上陸する段になると，さまざまな理由から（やはり面倒だ，他の人も拭いていないなど），靴の裏を拭かないことがあるかもしれません．したがって，靴の裏を拭いてから上陸するということを徹底させるためには，事前の説明会でお願いするだけではなく，上陸直前に，お互いに靴の裏を拭いているかをチェックするようなしくみをつくることが必要になるでしょう．これは個人倫理の問題というよりも，制度設計を含む社会倫理の問題といえるでしょう．

2.5 「行動に結びついたとしても，繰り返し行われるとは限らない」

最後に，外来種対策の重要性が理解され，靴の裏を拭くことに同意し，実際に拭いたとしても，今回一度きりで終わってしまう（忘れてしまう）可能性もあります．同様のことは，他の島や他の環境でも適用されるはずです．外来種対策の原則を理解し，さまざまな場面で外来種の侵入を防ぐよう留意してもらうことが必要です．個別の処方箋ではなく，外来種対策の原理原則を理解することが重要になります[1]．

授業であれセミナーであれ，環境保全のための行動を促す場合には，こういったことまで留意しておくべきでしょう．こうしたこと

を徹底的に分析し，実行させようというのが，CEPA ツールキットの思想なのです．

3. 多様なやり方を組み込んだ授業の構成

ただし，先にもふれたように，こうした具体的な倫理（靴の裏を拭きましょう）を学生に教える，というのが授業の主眼ではありません．むしろ，環境問題の事例を通して，教育や倫理というものをコミュニケーションや説得・納得という観点から考えてもらいたいのです．教育も倫理も，相手に伝わること，相手が納得すること，「決まり」を原則や理由のレベルで把握すること，などが大切だからです．特に，教員を目指す学生には，このことをきちんと覚えておいてほしいと思います．

教員を目指す学生にとって参考になると思われることを紹介しましょう．これも CEPA ツールキットの中に書いてあるのですが，授業のやり方に応じた学習の定着度に違いが出るという話です．それによると，学習は，講義だけだと 5%，読書をさせると 10%，視聴覚教材を用いると 20%，実例を見てもらうと 30%，グループディスカッションを行うと 50%，自分でやってみると 75%，他人に教えると 90% 定着するといいます．

この，講義によって定着するのは 5% というのは衝撃的な数字ですよね．教員がいくら喋っても 95% は定着しないというのです（そもそも，図 1 のように，講義が聴かれてさえいない，ということもあるでしょう）．

では，講義をいくらやっても定着しないのなら，全部ディスカッション形式にしてしまえばよいのでしょうか．そうではないと思います．おそらく，ここで示されていることをすべて取り入れて，授

More often the reaction to our passionate presentations is as shown in the cartoon.

図1 CEPAツールキットに掲載されている,よくない授業の例
(出典 http://www.cepatoolkit.org/)

業を組み立てることが有意義なのではないかと思います.つまり,講義もする,読書もさせる,視聴覚教材も用いる,実例も見てもらう,ディスカッションもする,他人に教えもする(プレゼンテーション).これらを全部行う,ぜいたくな授業をすることによって,定着度を高めることを目指すべきと考えます.

実際に,私は「環境と教育」という授業で,このことを実践しました.以下では,その内容を紹介していきます.

3.1 講義と読書 (lecture, reading)

授業では,通常最初の回に,自己紹介,授業の概要の説明,諸連絡などを行います.その際には,理論的な話と,言葉の説明などを板書で行います.そこで参考文献表を配り,その中からどれか1冊を学期末の試験日までに読んでくるよう指示します.

さらに，生物多様性に関するマンガ（日本自然保護協会の道家哲平さんたちと共同製作したもの）を配って感想レポートを書いてもらいます．毎回，「マンガなので分かりやすい」という感想をいただいています．授業では，このマンガをきっかけにして，生物多様性条約の中身だけでなく，さまざまな条約や議定書の中身についても話を広げていきます．

3.2　視聴覚教材（audiovisual）

　あわせて，パワーポイントを使った講義を行います．理論的な話の復習をした後で，旅先の写真などを交えて具体的な事例の話をします．例えば，白川郷（岐阜県）と妻籠（長野）の観光のあり方について，軽井沢の「自然」について，八ツ場ダム問題について，栄村（長野県）の風土について，戸定邸（松戸市）や松ヶ丘商店街七夕祭（流山市）といった近所の見どころの紹介，ソウル市の清渓川復元によるまちづくりと真鶴町（神奈川県）の「美の条例」によるまちづくりの比較などです．ときどき，授業の後で，「先生はいろいろなところに行っているのですね」という他人事のような感想をもつ人がいますが，もう少し，自分に引き付けてもらいたいものです．自分たちでも，旅行をしてさまざまな地域の現場を見てほしいですし，あるいは遠くに行かなくても，近所の風景に目を止めて地域の特徴を観察してほしいと思っています．

　次に，映像作品の視聴を行います．『プロジェクトⅩ　挑戦者たち――チェルノブイリの傷　奇跡のメス』と『エリン・ブロコビッチ』の２本で，どちらも以前から学生にたいへん評判のよい作品です．視聴した後で，作品に登場する菅谷昭さんとエリン・ブロコビッチさんという対照的な２人の道徳的英雄（モラルヒーロー）の比較を行います．

菅谷昭さんは，世界的な甲状腺ガンの権威であり，信州大学医学部の助教授として忙しく働いていましたが，チェルノブイリ事故の後に白血病が増えているという話を聞き，それなら甲状腺ガンも増えているはずだと考え，大学助教授の職を辞し，ベラルーシに行って無給で働きました[2]．他方，エリン・ブロコビッチさんは，無職で貯金もなく，3人の子供を育てるために，雇用と昇給のために法律事務所で働いていましたが，その中で六価クロム汚染による健康被害問題にのめりこみ，大企業を相手に戦い，被害者たちのために全米史上最高額の和解金（3億3000万ドル）を勝ち取ります．ボランティアというと，菅谷さんのような無給での献身的な働きをイメージしがちですが，実際にはボランティアも，それが組織化され社会的に承認されたものといえるNGO／NPOも，自分たちが生活するための資金を確保することが必要です．菅谷さんは社会的地位，専門家としての技能，給料の貯蓄分があったために，一時的に無給で働くことができましたが，彼をモデルにしてしまうと，非専門家である市民は，ボランティアに対する敷居が高くなってしまうでしょう．それに対して，エリンさんは，映画を面白くするためもあるでしょうが，二言目には「給料をあげろ」と訴えます．これを見るとボランティア精神とは程遠いように思えますが，しかし結果的に彼女は，献身的な努力の末，被害者たちを経済的・精神的に救うのです[3]．

　それぞれについて感想レポートを課したところ，単なる感想だけではなく，独自の考察や調査を交えた，質の高いものが多く提出されました．インターネットで菅谷さんやエリンさんのその後の様子を調べてくる人もいました．板書だけで授業をするよりも，映画を用いたほうが，原発や公害の問題についての能動的な学びを誘発するようです．

3.3 実例を見てもらう (demonstration)

次に,実際に環境保全や自然保護活動に携わっている方を外部講師として招聘し,お話をしていただきました.2012年と2013年は日本自然保護協会(NACS-J)から福田博一さんと小林今日子さんをお呼びしました[4].加えて2013年は千葉県職員の石渡正佳さんにご講演いただきました[5].

福田さんには野外に出て大学のキャンパス内で,落葉に生息する生きものを発見するなど,植物とその生息環境の関係に気づかせる自然観察会をしていただきました.普段こうした外での授業はほとんどないので新鮮な体験だったと思われます.小林さんには,室内で,袋に入った自然物の正体を触感だけで当てるというクイズ等を行っていただきました.学生たちにはこのようなクイズは初めてだったと思われ,みな楽しんでいました.

石渡さんの講演は,産業廃棄物の不法投棄の流れや業界の構造について,廃棄物の価格について,東日本大震災のがれき処理について,環境学の用語解説など,多岐にわたる充実した内容でした.学生は特に石渡さん自身が撮影した被災地のがれきの写真に見入っていました.

3.4 グループディスカッション (group discussion)

授業の後半で,「アメニティマップづくり」を実施します.アメニティマップとは,自分が好きな場所(アメニティ)と問題を感じる場所(ディスアメニティ)とが色分けで示された地図のことです[6].好きな場所には緑色,問題を感じる場所には赤色,微妙な場所には黄色のシールを貼っていきます.白地図を用意してそこにシールを貼り,コメントを書き込むというやり方もありますが,慣れている通学路やキャンパス内のアメニティマップをつくる場合には,

模造紙に手書きの地図を自分で書いたほうが，特色あるマップができます．

この作業の目的は，身近な環境を見直し，良いと評価できるところは維持する方法を探り，悪いと評価したところは改善の方法を考えることで，地域環境の保全を具体的に考えてもらうことにあります．またその際には，一人ではなく，いくつかのグループをつくって，グループごとに話し合いながらつくることが大切です．環境に対する自分の評価を絶対視するのではなく，他者の評価との共通点と相違点を確認し，お互いに「良い」または「悪い」と考える理由を明確にすることになるからです．

アメニティマップづくりを行うことで，異なる学年，学科の人たちとも話をする機会が生まれます．できればここに，地域の住民が参加するともっと有意義なものになるでしょう．学生は地域の歴史や文化について知るでしょうし，地域の住民は学生の意識や考えを知ることができるでしょうから．

そうして完成したアメニティマップをもとに，プレゼンテーションをしてもらいます．講師がコメントするだけでなく，学生からの質問も促します．終了後，マップとプレゼンテーションの出来について，学生による投票を行い，最優秀のグループには表彰・加点を行います．マップの出来もさることながら，プレゼンテーションの出来にばらつきがあり，効果的なプレゼンテーションを行ったグループは，学生からも高く評価される傾向があります．

3.5 自分でやってみる (practice by doing)

アメニティマップづくりは，フィールドワークにもつながります．知らない地域や，初めて行く地域を歩いて，アメニティマップをつくることは，フィールドワークの一つといえます．2014年には，

第 10 章 CEPA ツールキットと対話型講義　237

写真 3　八王子アメニティマップづくり

写真 4　残したい場所（緑）と直したい場所（赤）を色分けで示したフラグマップ

夏休みに，高校と大学との連携企画の一環で，八王子セミナーハウスの周辺を，高校生と大学生が一緒に歩いてアメニティマップをつくりました．この企画では，大学生に全体の運営を任せ，教員はあまり口を出しませんでした．そのことによって，大学生の間に企画力や運営力，責任感，リーダーシップなどが培われたと思います．

それ以外に，授業では，通学路のゴミ拾いを行っています．これは，流山市のクリーン・ボランティア「まちをきれいに志隊」に登録された，流山市の支援を受けている活動でもあります．このように，地図づくりやゴミ拾いを自分でやってみることによって，いろいろなものがまさに「見えて」くることでしょう．すばらしい自然や，美しい文化的空間が重要なのはもちろんですが，身の回りの環境の良し悪しにも目を向けて，日々の生活を営んでほしいと思っています．

3.6 他人に教える（teaching others）

学期末の試験は，「他人に教える」ということが出題テーマになります．具体的にどのような問題になるのかは，これから私の授業を受講する人もいるでしょうから，内緒にしておきます．このようにすれば，15回のスケジュールの中で，先に挙げた項目を順番にとりあげることができます．ここまでやれば，授業内容が5%しか伝わらないという事態は防げるでしょう．

4. 「環境と倫理」における実践例──対話型講義

「環境と倫理」では，NHKで放送された『ハーバード白熱教室』(2010) で話題となった，政治哲学者マイケル・サンデル教授の「対話型講義」のやり方を取り入れています[7]．対話型講義では，

教員が一方的に解説をするのではなく，学生がマイクを持って意見を述べ，それに教員が応答する形で授業が進められていきます．「環境と倫理」では，毎回，授業の前半部分で議論する題材を提供します．そのあとで受講者にマイクを向けて，意見を言ってもらいます．その際に，教員の意見を最初から言わないことと，学生のどんな意見でも頭ごなしに否定しないで，それに対する学生側の賛成意見，反対意見を待つよう心がけました．

議論の題材としてよく用いるのは，NHK で放送された『プロジェクト X 挑戦者たち』の DVD です．このシリーズの中から，阪神大震災後の復旧作業，汚染に対するボランティアの活動，トキの繁殖，動物園の取り組み，文化財修復，まちづくりといった，環境倫理に関係する題材を選んで，学生に視聴してもらいます[8]．環境倫理にどう関係するのかを，トキの繁殖を例に挙げて説明します．ここにはトキ個体の保護とトキという種の保存，トキの住める環境（生息地域）の保全という問題が重なり合って存在します．環境倫理学には"個体主義か全体論か"という意見対立がありますが，そのことを理論的に説明する前に，トキ繁殖という事例を見ることによって，問題を具体的につかむことができます．そのあとで，DVDの感想とともに，種を絶滅から守ることの意味について意見を述べてもらいました．

2012 年度は，江戸川大学の学園祭（駒木祭）で授業を公開しました．社会学部現代社会学科と駒木会の共催で「福・幸・志・縁」を合言葉にしたイベントを行いました．その中で，復興支援をテーマに，「公開白熱教室『環境と倫理』いま私たちにできること――3・11 を風化させないために」を実施しました．

環境倫理と復興支援とは，一見異なるテーマのように思われるかもしれません．環境倫理は主に人間と自然とのかかわり方を問題に

してきたからです．しかし，そもそも環境倫理とは，「環境」に関する人間の活動がどうあるべきかを問うものです．環境とは，主体（人間）をめぐり囲むものであり，そこには自然環境も社会環境も含まれます．したがって，人間の環境としての被災地の復興支援はどうあるべきかについても，環境倫理のテーマとなります．ここでは議論のために，三つの問いを立てました．①「がれき処理」は現地で行うべきか，広域処理を行うべきか，②元の姿に戻すべきか（復旧），新しくデザインしなおすべきか（復興），③被災地から遠く離れた私たちに何ができるのか，ボランティアは何をすべきなのか．これらについて，学生たちが堂々と自分の意見を述べるとともに，教員や学外の参加者からも多くの刺激的な発言が飛び出すなど，活発な議論の場となりました．

このような対話型講義には，前節で見たCEPAツールキットの考え方や手法を組み込むことができます．対話に入る前の情報提供は，講義形式で行ってもよいでしょう．事前に本を読んでその内容について議論する形式もあります（サンデル教授はこの形式）．あるいは野外実習やマップづくりをやった後に，対話型講義をやるのも効果的でしょう．対話型講義にはグループディスカッションの要素もありますし，自分でやってみる，そして他人に教える，という要素もあります．対話型講義はCEPAの考え方と連動させることで，その効用に一つの根拠が与えられ，また手法の幅が広がるでしょう．また，CEPAの考え方からすると，対話型講義は有効な情報伝達・意識啓発の手段として評価されることでしょう．

5. おわりに

以上が，大学で私が普段行っている授業の工夫です．これは

CEPAツールキットと対話型講義から学んだものです．環境問題についての情報や，決まりごとを，効果的に（押しつけるのではなく，納得できるように）伝えるということが一つの目的ですが，これは環境問題以外にも通用する話でもあります．教員を目指す学生は，確実にメッセージを相手に伝える授業のやり方を考えてみてください．また，教員になる人以外でも，ディスカッションやプレゼンテーションの能力が必要になってきますので，学生時代に訓練をしておくとよいと思います．

　最後になりますが，学生にとって最も身近なフィールドは，大学のキャンパスでしょう．自分たちが住んでいるキャンパスの環境に関心を向け，それを大学側から整備されるものとしてではなく，主体的につくっていくものと捉えてほしいと思っています．そして楽しい4年間を過ごしてもらいたいと願っています．

［謝辞］
　外部講師として授業の一端を担ってくださった日本自然保護協会の福田博一さん，小林今日子さん，千葉県職員の石渡正佳さん，駒木祭での「福・幸・志・縁」イベントを企画された現代社会学科の親泊素子先生，恵小百合先生（当時），土屋薫先生に感謝申し上げます．また高大連携でお世話になりました，日本大学の森島渉先生，専修大学の赤坂郁美先生，神奈川県内の高校の先生方（中村裕之先生，小松圭太先生，松井浩気先生，本澤勝也先生，山下智己先生）に感謝申し上げます．

［注］
1) 実は，この外来種対策という例は，江戸川大学のある学生の卒業研究から発想したものです．その学生は，「水際作戦」と称して，外来種侵入の影響とその対策（靴の裏を拭くなど）を分かりやすく示したマンガを小笠原行きの船の中で配る，という抜群に優れたアイデアを出

し，実際に実施しました．これは山でのゴミのポイ捨てやシャンプーの禁止など，さまざまな場面でも適用できると思います．
2) 菅谷さんは帰国後，長野県の衛生部長に就任し，2004年から松本市長を務めています（2012年に3選を果たし現職）．2011年3月11日以降の福島第一原発事故の際には，テレビに出演し，放射能の影響についてコメントしていました．
3) 映画では省略されていますが，この訴訟のための調査の過程で，エリンさんも病気になっています．お金の話が多いので，人によっては，"結局は金のためではないか" という感想を抱くかもしれませんが，それでは説明のつかない奮闘がここにはあります．
4) 日本自然保護協会（NACS-J）は，尾瀬を電源開発のためのダム建設から守るために1949年に結成された「尾瀬保存期成同盟」を母体とする団体で，日本の自然保護団体としては古株であり，かつ最大規模の団体の一つです．現在の主な活動は，調べる（自然および自然保護の調査研究），守る（自然保護の活動と政策提言），広める（自然保護の普及啓発，環境教育の実践）というものです（日本自然保護協会 2002, ホームページ http://www.nacsj.or.jp/ も参照）．
5) 石渡さんは産廃Gメンとして産業廃棄物の不法投棄を摘発し，銚子市の不法投棄をゼロにしたことで有名になりました．著書では，不法投棄の流れや業界の構造が鮮やかに解明されています（石渡 2002, 石渡 2005）．
6) アメニティマップのつくり方の詳細については，考案者の齋藤伊久太郎さんの説明を参照してください（齋藤 2007）．
7) 近年では，ハーバード白熱教室の解説を務めた小林正弥教授をはじめとして，日本でも「対話型講義」を行う教員が増えています（小林 2012, 宇佐美 2011）．
8) 視聴した『プロジェクトX 挑戦者たち』のタイトルとその内容は以下の通りです．「よみがえれ，日本海」（ナホトカ号原油流出事故後のボランティアの活躍を描く），「鉄道分断 突貫作戦 奇跡の74日間」（阪神大震災後の復旧作業の様子を描く），「幸せの鳥トキ 執念の誕生」（佐渡島のトキ繁殖の奮闘を描く），「旭山動物園 ペンギン翔ぶ——閉園からの復活」（旭山動物園の取り組みを描く），「桂離宮 職人魂ここにあり」（桂離宮修復の職人技を描く），「湯布院 癒しの里の百

年戦争」(大規模開発ではない地域づくりの姿を描く).

［文献］

カプラ,フリッチョフ＆カレンバック,アーネスト,1995,『ディープ・エコロジー考——持続可能な未来に向けて』佼成出版会.

石渡正佳,2002,『産廃コネクション——産廃Gメンが告発！ 不法投棄ビジネスの真相』WAVE出版.

―――,2005,『産廃ビジネスの経営学』ちくま新書.

宇佐美誠,2011,『その先の正義論——宇佐美教授の白熱教室』武田ランダムハウスジャパン.

小林正弥,2012,『対話型講義 原発と正義』光文社新書.

齋藤伊久太郎,2007,「アメニティマップづくり」『アメニティ研究』No.7・8合併号,日本アメニティ研究所.

日本自然保護協会,2002,『自然保護NGO半世紀のあゆみ——日本自然保護協会五〇年誌』平凡社.

Fieldwork

訪ねてほしいフィールド

神奈川県真鶴町

　真鶴町は,「美の条例」と呼ばれる, まちづくり条例がある町として有名です.「美の条例」というと, ものすごい美が存在する町のように思えますが, 実際に行ってみると, ごく普通の町です. 私はここを何年かごとに訪れていますが, 町の雰囲気が変わっていないことに驚かされます. 近年では, 訪れるたびに, 空き家が増えていたり, 次々に店舗が変わったりして, 風景の激変を感じる地域も多いのですが, 真鶴町は, しばらくぶりに訪れても, まったく変わっていません. それもそのはず, 実は「美の条例」とは, 美の実現というよりも,「あまり変えない」ことを条例にしたものなのです. 町の人によれば, 条例が守っているのは,「真鶴町らしさ」だといいます. 雰囲気の変わらない町, 真鶴に, ぜひ足を運んでみてください.

埼玉県川越市「昭和の街」

（齋藤伊久太郎氏提供）

　川越市は「蔵の街」として有名です．しかし，蔵が並ぶ通り以外にも，川越市には魅力的な地域がたくさんあります．私がおすすめするのは，「昭和の街」です．古い建物が自然な形で残っていて，とても感じが良いのです．一軒一軒の店に魅力と活気があり，つい入りたくなってしまいます．活気のある町にするために，景観を統一したり，コンセプトの実現に固執したりすると，「わざとらしさ」が出てしまうおそれがあるでしょう．それよりも，自然な生活の風景を壊さずに残していくために，個別の場所の特徴にそくして，工夫していくほうがよいと思いますが，この「昭和の街」ではそうなっています．ぜひ一度，訪れてみてください．

Book Guide

感性の哲学

桑子敏雄著
NHKブックス, 2001

　この本は, 空間, 場所, 風景に関する人間の経験についてじっくり考えたい人と, 景観や地域環境に関する問題を研究している人にとっての必読書だと思います.

　この本の最も興味深い箇所は,「コンセプト景観」を批判した部分です. 著者によれば,「コンセプト景観」とは, 一つのコンセプトによって作られた景観です. 著者は「コンセプト景観」の創造を称揚する議論に疑問の目を向けていて, 特に「原風景をつくる」という行為を強く批判しています.

　著者は,「原体験をもつことのできる空間, 原体験をもってもいい空間としてつくられた空間での原体験とは, いったい何なのだろうか. そこで期待されたとおりの体験をすることが, 自分が自分であることの体験でありうるのだろうか」と問い,「こどもたちのためと称して,『原風景』のコンセプト風景をつくるということには大きな矛盾が含まれている」と述べています.

　著者によれば,「わたしがわたしであり始めた体験から決して切り離すことのできない風景, それこそが原風景」であり,「ひとといっしょになれない自分, 他者の設定したコンセプトにうまく沿えない自分の意識がそのゆらぎであり, そのゆらぎが自己の意識とな

る」．したがって「原体験とはコンセプトからのずれの体験」なのであり，そのような「コンセプトからのずれ，逸脱という人間の精神の重要なはたらき，このはたらきこそ，コンセプトにとらわれることなく，環境と自己とのかかわりを捉える感性のはたらきである」といいます．

　この箇所を読むと，私は子どものころの「秘密基地づくり」を思い出します．秘密基地の楽しさは，親や先生の目を逃れて，自分たちの感覚で，自分たちだけの場所をつくりあげるところにあります．外遊びをさせたい，地域にふれさせたいという理由で，親や先生が秘密基地をつくってよい場所を準備してしまったら，それは秘密基地とはいえなくなるでしょう．同じように，快適な場所や，美しい景観というものは，第一には，そこに住んでいる人々が生活の中で醸成するものでしょう．外部のプランナーやデザイナーはそのサポート役に徹するのが望ましいと思います．

第 11 章

歴史を活かしたまちづくり

清野　隆

写真 1　歴史的建築物を活用した黒壁スクウェア（滋賀県長浜市）

1. 都市の歴史とまちづくり

　私たちが生活する都市は歴史的な存在です．歴史の長さは都市により様々で，その歴史の現れ方も様々です．ここでは，都市の歴史を物語る歴史的な建築物について取り上げます．戦後以降の都市における歴史的建築物の保存（以下，建築物保存）に焦点を当てて，日本の都市の歴史性を読み解き，建築物保存や歴史を活かしたまちづくりが社会一般に認知されて市民権を得るに至った経緯，それらの意義，現代的な課題を紹介します．さらに，成長社会から成熟社会へと移行し，社会が縮退していく昨今の時代状況の中で，今後の建築物保存のあり方について考えたいと思います．

1.1 都市の近代化と都市計画

　日本の近代化は，江戸末期から明治初期にはじまりました．欧米諸国との国交再開は，当時の日本に大きな衝撃をもたらし，近代的なシステムを有する国家を創設せんとする明治維新を招来しました．文明開化，欧化政策，殖産興業，富国強兵．日本全体のあらゆる要素が近代化へと向かいます．建築と都市空間もまた近代化しました．数ある都市の中で，東京は建築と都市空間の近代化が最も顕在した都市だといえます．そして，東京の近代化は明治維新で完結せず，その後に生じた震災と復興，戦災と復興，高度経済成長期の開発などの機会に建築と都市空間の近代化が繰り返されました．災害は都市空間を瞬時に破壊し，都市の面的な近代化を実現しました．高度経済成長期における再開発は部分的，モザイク状に都市を近代化しました．ここで起こったこととは，前時代の建築物を建替え，更新する出来事の繰り返しです．その結果，東京は多くの前近代の伝統

的な都市空間を失い，さらには近代化の過程で建設された建築遺産も失いました．現代の東京の都市景観を構成する建築物はその大半が戦後に建てられたものです．しかし，このように変化の目まぐるしい東京の都市空間にも歴史は積み重ねられています．特に，現代の東京の骨格を成す道路とそのネットワーク，道路で囲まれた街区と内部の敷地形状など，土地の上に現れる都市構造は江戸期の特徴を受け継いでいることが知られています（陣内 1992）．江戸期に形成された都市構造とその背景にある秩序が近代化の都市改造と都市拡張の過程で活かされてきました．そして，このような都市の捉え方は，東京のように歴史性の希薄に見える都市も，確かに歴史的な存在であることを感じさせ，その歴史を大切にする動きをつくりだし，建築や都市計画における歴史の見直しを迫るきっかけとなりました．

　ところで，このような都市と建築の近代化は，都市計画という制度の下に推し進められてきました．都市計画は，都市の近代化を受入れるべく，都市空間を著しく変化させてきました．しかし，都市計画はその目論見通り，都市空間の改造に成功しましたが，それが私たちの生活に適した都市の建設を達成してきたかといえば，そうとはいえません．むしろ，都市計画という制度が有する中央集権型，トップダウン型の性格が，歴史的に蓄積されてきた都市の長所を破壊し，そこにある人々の生活をないがしろにしてきたといっても過言ではありません（内田 1971）．人々の生活を改善する，公共の福祉を達成することを志す都市計画は，近代的な都市，すなわち合理的な都市，効率的な都市，産業偏重の都市を建設することに終始し，結果的に人々の生活に悪影響をもたらすこともありました．このような状況に対して，1960 年代以降，都市で生活する人々の考え方が様々な形で発せられるようになり，その考えを都市空間に反映さ

せる実践がみられるようになりました．このような思想に基づく一連の運動は，まちづくりと呼ばれています（内田 2006）．近年は，まちづくりという言葉の意味も多様化し，旧来型のハード整備もまちづくりと呼称するようになりました．しかし，当初の意味でのまちづくりの必要性と重要性はますます高まっています．

1.2 まちづくりと建築物保存

まちづくりが取り組むテーマには住宅，福祉，景観，自然環境，商業，産業，交流，景観，貧困，多文化共生などがあり，多岐に亘ります．そういったまちづくりの取組みの1つに都市の歴史を大切にしようとする動きがあります．その代表的なものが，都市の歴史を象徴する歴史的建築物を大切に保護する建築物保存です．高度経済成長期に始まる建築物保存は全国各地で実践されてきました．この半世紀に非常に多くの実績を蓄積し，近年では建築物保存は市民権を得つつあります．そして，進歩主義的なハード整備を推進してきた都市計画においても，都市の歴史が重視されるようになっています（西村 2004）．後述するように，文化財保護制度が充実するにつれて，多種多様，多数の建築物が保存されるようになっています．かつての特筆すべき建築物のみを保存しようとする選良主義から脱し，各地に存在する地域の歴史を象徴する建築物の保存が進められるようになってきた結果が現れています．近年では，都市計画制度によって地域の個性が失われてきた経緯を反省し，地域性を活かしたまちづくりが実践されています．この傾向の中で，建築物保存は主要なプロジェクトとして期待されています．また，建築物保存は，都市の歴史を後世に継承するだけでなく，都市内の既存のストックを有効活用するという利点があります．人口が減少してゆくことが予測されていますが，縮退する社会においては，新たな建設より既

写真2 国立競技場

存の建築物をどのように取り扱っていくかがより重大な課題になっています.建築物保存という取組みは,文化的な活動の枠を超えて,地域社会や地域経済の取り組みとしても重要なものとして見直される時代が到来したといえます.

　しかし,旧来型のスクラップアンドビルド型の都市計画がなくなったわけではありません.例えば,国立競技場(写真2)は,2020年開催予定の東京オリンピックでメインスタジアムとして利用するため,建替えが予定されていますが,様々な観点から建替えへの異議が発せられています[1].そして,様々な問題を抱え込みながら国立競技場の建替え計画が進行していることはさらに深刻な問題といえます.したがって,これまで蓄積されてきた歴史を活かしたまちづくりを拡張していくためには,いま一歩の前進が必要だと考えられます.本章では,建築物保存について,戦後からこれまでの歩みをおさらいします.端的には,日本における建築物保存は,仕組み

の整備により進展し，経験と実績を蓄えてきたことで，多様に展開してきました．その上で，建築物保存の現代的課題を紹介します．建築物保存は様々な立場の人々が関わるという点で複雑な現象であり，常に新たな問題が発生します．現在の建築物保存において，どういった問題提起があるのかみていきます．さらに，今後の展望に言及します．現代的な課題を整理し，今後求められるだろう対応について触れます．皆さんと一緒に都市の歴史を活かしたまちづくりについて考えていきたいと思います．

2. 戦後の建築物保存の展開

ここでは，戦後日本の建築物保存をめぐる動向を紹介します．まず，文化財保護法をはじめとする建築物保存の仕組みとその展開をみます．日本では，建築物保存の領域は，文化財保護法が中心的な役割を果たしています．一方，近年では，建築，都市計画の領域による仕組みも導入されています．これは建築物保存が文化財の保護だけでなく，建築物保存を通して，良好な都市環境や都市景観を創造しようとする動きの発生を表わしています．また，建築物保存の困難さをもたらしている都市問題，土地問題からのアプローチが必要であることが認められるからでもあります．続いて，事例を挙げながら，建築物保存の理論や実態の質的な変化をみます．戦後から数えても，建築物保存の分野は，70年弱の蓄積を持っています．その経過には，保存対象の拡張・拡大，保存手法の進展などの変化がみられます．

2.1 文化財としての価値を保存する仕組み

既に述べたように，現代の建築物保存に関する仕組みは文化財保

護法が柱になっています．1950年に制定されました[2]．文化財保護法は，国内の有形文化財，無形文化財，記念物，民俗文化財，伝統的建造物群，文化的景観，埋蔵文化財などを保護します．このうち，建築物保存に関連するのは，有形文化財，伝統的建造物群，記念物の一部，文化的景観の一部です．有形文化財には，指定と登録の2つの制度があります．指定された有形文化財は，重要文化財と呼ばれます．重要文化財の指定数は2,412件で，うち218件は国宝に指定されています（2014年9月1日時点）．重要文化財は，国を代表する重要な歴史的建築物を保護する仕組みです．このほか，都道府県による文化財指定（2,455件），市区町村による文化財指定（9,285件）もあり，それぞれの立場から各地域の重要な歴史の建築物を保護しています．重要文化財に指定されると，所有者は建築物の現状に変更を加える際に，文化庁長官の許可を得なければなりません．建築物が持つ価値を保護するために大切な措置ですが，所有者にとっては大きな負担になります．そのため，所有者に対しては様々な支援が行われます．支援とは，重要文化財の修理修復に対する経済的支援や技術的支援です．仕組みの厳格さは非常に貴重な建築物とその価値の保護に寄与しています[3]．しかし，このような仕組みであるため，国内に存在する歴史的建築物の数に比べて重要文化財の指定数は決して多くありません．特に欧米諸国に比べると，保護されている建築物の数は少なく，指定制度のみで歴史的建築物を保存することには限界があるといえます．

　そこで指定制度を補完するために1996年に登録制度が導入されました．登録制度は指定制度に比べて緩やかな規制で文化財を保護する点に特徴があります．現状変更時の許可は不要で，外観に大きな変更を加える場合に届け出のみが求められます．所有者の負担を大幅に軽減し，より多くの建築物を保護することが登録制度の狙い

です．毎年500件程度の建造物が登録されており，創設から18年が経ち，9,423棟（平成26年1月1日時点）が登録されています．登録制度のもう1つの特徴は，指定制度に比べて，近い過去に建設された建築物，各地の生活に密着した身近な建築物の保護を目的としている点です．後述する近代化遺産，近代建築などの保護が進んでいます．各地のまちづくりに活用されることが期待されています．登録制度の創設と同時に，文化財を活用しようとする考え方も強調されるようになりました．建築物保存の普及と一般化のためには，歴史的建築物を現代社会の中で建築物として活用していくことが必要であるとの考えに基づいています．

　伝統的建造物群は，一つ一つの建築物は重要文化財などに値しなくとも，伝統的な建築物が集積して群を形成している伝統的建築物群保存地区（以下，伝建地区）を保護する仕組みです．1975年に導入されました．1975年以降，毎年数件の指定と選定が進められ，現在108地区が重要伝建地区に選定されています．伝建制度では，都市開発によって喪失の危機に置かれた伝統的な都市空間や過疎化と経済の停滞により取り残された地方の小都市や農山村の伝統的な集落空間が保護されています．創設の背景には，金沢，倉敷，高山，妻籠，川越などで発生した，高度経済成長期の大規模な開発により失われている伝統的な空間を保護する運動の展開があります．

　このほか記念物の一部は，建築物保存にかかわりがあります．記念物として保護されるものの中には，歴史的に重要な庭園，歴史上の人物の邸宅が含まれます．庭園や邸宅は都市の歴史を物語る存在です．また，庭園や邸宅の中に，有形文化財に指定，登録されない歴史的建築物が存在する場合もあります．他方，2004年に記念物に登録制度が導入され，登録された記念物の中には，近代都市計画が生み出した道路や公園などが含まれています．都市構造を形成す

るこれらの空間も都市の歴史を示す存在といえます．代表的な例としては，横浜市の日本大通り，横浜公園，山下公園が登録記念物になりました．

　文化的景観も 2004 年に導入された仕組みです．その保護対象は建築物ではありませんが，まちづくりと都市計画の分野においては非常に重要な役割を担うことが期待されています．文化的景観は，農山漁村とその周辺に存在する人間がつくりだした景観が保護の対象となります．棚田，里山など，日々の生活を営む中で人間が自然環境に手を加えてつくりだした環境です．農村景観なども含まれます．また，記念物のように，近代都市計画をはじめとする計画的につくりだされた環境などの保護が視野に入っています（文化庁文化財部記念物課 2010）．

2.2　環境・景観としての価値を保存する仕組み

　近年，都市計画制度においても歴史的建築物の重要性はますます高まっています．都市計画制度では，古都保存法（1966 年施行，正式名称は古都における歴史的風土の保存に関する特別措置法），景観法（2004 年），歴史まちづくり法（2008 年施行，正式名称は地域における歴史的風致の維持及び向上に関する法律）といった仕組みがあります．先述した伝建地区は都市計画上の位置づけもあります．歴史まちづくり法は，国土交通省，文化庁，農林水産省の共管で，文化財の存在を前提としています．また，戦前に制定された建築基準法（当時の市街地建築物法）の美観地区制度（現在は，景観法の景観地区に移行）と都市計画法の風致地区制度も同様に歴史的な環境を保護する役割を担っています．

　都市計画制度は，歴史的建築物そのものを取扱うというよりは，その周辺の開発を様々な形でコントロールすることで，環境の質を

保全する点に特徴があり，文化財保護法とは異なる役割を担ってきました．都市では絶えず新たな建築行為が発生します．その1つ1つに良好な環境を創り出すために貢献することが期待されています．古都保存法では，京都市，奈良市，鎌倉市など，いわゆる古都の風致を保護するため，建築行為，開発行為に対する規制が課されています．景観法は，1980年代から基礎自治体が景観条例を策定し，独自のルールで都市の景観を保全し，創出してきた経緯の中で制定されました．また，歴史まちづくり法は，古都以外の都市における歴史的風致の保護を促進する狙いがあります．制定から5年間で既に46市町が歴史的風致維持向上計画を策定しています．歴史的風致維持向上計画は，重要文化財，伝建地区，記念物を中心とする歴史的風致を有するエリアの景観を保全することを目的としています．これまでは個別に存在し，個別に対応されてきた文化財を都市の歴史に明確に位置付けて，周辺環境と共に一体的に保全していくことが目指されています．

このような変遷がありますが，環境としての価値を保存する仕組みは，国よりも基礎自治体が先駆的な試みを展開しています．横浜，金沢，小樽，京都など，多くの歴史的建築物を抱えた自治体は独自の条例や要綱を策定し，プロジェクトを実施して，歴史的建築物の保全活用を実現しています．横浜市は，都市の歴史を都市デザインに活かす試みを実践してきました．長年にわたる横浜市の都市デザインの取り組みは，開港都市である横浜の歴史的な蓄積を大切にしながら，現代的な新しい都市空間を生み出しました．その成果である，みなとみらい21などのベイエリアは，多くの人が訪れる人気の観光地になっています．

写真3　東京駅

2.3　建築物保存の多様な展開

このように建築物保存に関わる仕組みは，時間の経過と共に多様化し，現在では様々な種類の歴史的建築物の保存を支えていますし，良好な都市環境や都市景観をつくりだすなどの建築物保存がもたらす効用の広がりがみられます．

仕組みの整備と進展と並行して，建築物保存の理論と方法論とその実践にも変化が生じています．まず，文化財への指定や登録の実態から建築物保存の実態に生じている変化を読み取ることができます．大きな変化は，近代以降の建造物の存在です．近代化遺産，戦後の近代建築が重要文化財に指定されています．前者では富岡製糸場，東京駅（写真3）が代表的な例です．富岡製糸場は2014年度に世界文化遺産にも登録され，日本国内だけでなく世界的にも重要な

写真4　世界平和記念聖堂

文化遺産として認められています．東京駅は，一度は取り壊される計画が存在しましたが，市民中心の保存運動を経て，2003年に重要文化財に指定されました．2007年から戦災により失われた3階部分を復原する工事が行われ，2012年には建設当初の姿を取り戻しました．戦後の近代建築の保護では，2006年に広島市内にある広島平和記念資料館（1955年竣工），世界平和記念聖堂（1954年竣工，写真4），2007年には台東区上野公園内の国立西洋美術館（1959年竣工）が重要文化財に指定されました．いずれも戦後の建築物で著名な建築家による作品です．このほか，近代和風建築など，現存する建築物の価値が明らかにされ，新たなカテゴリーが生まれています．

　また，理論と方法論での変化は，建築物保存の実績にも大きな影響を及ぼしています．様々な方法が採用されることによって，これ

第 11 章 歴史を活かしたまちづくり　261

写真 5　東京中央郵便局

までより多くの歴史的建築物が保存される結果をもたらしています．建築物保存と一言でいいますが，実態をみるとその方法は実に多様です．まず，建築物そのものに多様性がみられます．建築された時期，および様式，建築物の用途などにより，建築物の姿は大きく異なります．そして次に，保存方法にも様々な手法が存在し，結果的に保存された建築物の多様性をみることができます．例えば，建築物全体が保護されている場合もあれば，建築物の外観のみが保護されている場合があります（写真5）．極端なものには，外壁や玄関部分など特徴的な部分のみが保存されている場合，外観のイメージが復原される場合もあります．こういった建築物保存の多様性は，建築物の構造や容積と今後の利活用の計画により発生します．さらに，建築物が立つ土地の様態にも様々な形態があります．土地の高度利

用という名目のもとに貴重な建築物が建替えられてきたことからも分かるように，その土地をどのように利用していくかという考え方が建築物保存の手法を決定します．建築物保存の様々な方法が試みられ，経験が蓄積されてきたことにより，土地の高度利用を図りながら，歴史的建築物を保存することが可能になりました．

近年，リノベーションという建築行為に注目が集まっています．リノベーションとは，日本語で「更新」を意味し，建築物のリノベーションとはある建築物を改修することで旧来とは異なる用途での利用を可能にし，社会の変化に対応させることを指します．例えば，少子化と人口減少が進行しており，小中学校の統廃合が進められています．その結果，利用されなくなった校舎が存在するようになりました．これらの校舎を他の用途で利用しようとする動きがあります．その際，リノベーションにより，子供たちが学習する空間として建設された校舎を他の用途に適した空間に改変します．

リノベーションの好例は枚挙にいとまがありませんが，代表的な例として3331 Arts Chiyoda（写真6）とMAACHエキュート（写真7）が挙げられます．前者は廃校が芸術センターとして再利用されている例です．校舎ならではの平面計画と校舎が持つ雰囲気を残しながら，展覧スペース，オフィススペース，カフェスペースなどが生み出されています．屋上は菜園となり，都心部でありながら小規模な農体験が行われています．また，この校舎のリノベーションは隣接する公園と一体的に計画されることで，かつてはみられなかった校舎と公園のつながりを生み出しています．断絶されていた両者の敷地は，校舎の玄関の位置を公園側に設置し直されたことで1つにつながり，公園は前校舎のアプローチ，前庭になっています．リノベーションにより，既存の建築物が有効利用されたばかりでなく，これまでにない魅力的な空間が創造されました．

第 11 章 歴史を活かしたまちづくり　263

写真 6　3331 Arts Chiyoda

写真 7　MAACH エキュート

一方，MAACHエキュートは，JR中央線，総武線の高架下の複合施設です．神田川に沿った親水性の高い立地と赤レンガ積みのアーチで構成された歴史的な遺構を活かし，カフェ，レストラン，雑貨店，家具店などが入居する複合施設として再生されました．現在は，多くの人が訪れる場所となり，親しまれています．

リノベーションという手法が社会に浸透し，その経験が社会的に蓄積されていくことが期待されます．老朽化や陳腐化を理由に建替えられてしまう建築物を後世に残していく，現在の都市に蓄積されてきたストックを有効に活用することに繋がる可能性が高まっていくと考えられるからです．

3. 建築物保存にみる都市の歴史性

冒頭で触れましたように，日本の都市は前近代の都市構造を引き継ぎ，道路，街区，敷地形状に前近代の特性が残されています．都市スケールでは，都市の歴史は脈々と継承され，現在に息づいています．しかし，建築物の古さに注目しながら日本の都市を西欧の都市と比較してみますと，両者には明らかな差異が認められます．日本の都市はスクラップアンドビルドが繰り返されるために建築物が日々更新されていきます．一方の西欧の都市，特にその旧市街地は築100年を超える建築物で占められています．もちろん，西欧の都市でも戦災による建築物の更新はみられますが，その割合は小さく，原則的には既存の建築物の保存と周辺環境への調和が求められます．したがって，建築物，あるいは建築物保存に着目すると，日本と西欧の都市の歴史性は大きく異なるといえます．そこで，日本の都市の歴史性はいかなるものなのかという疑問が生じます．固い都市構造の上で柔軟な建築行為が繰り広げられる中で，歴史的建築物は都

市の歴史性にとってどのような存在なのでしょうか．次に，日本では前時代から継承されてきた都市構造の上でどのように建築物保全が実践されているのかをみます．その特性を明らかにすることで，日本の都市の歴史性を理解することができます．

3.1　建築物保存とその敷地からみる場所の履歴

以上の関心の下，建築物保存をめぐる土地の様相に注目しながら，建築物保存をめぐる場所の履歴と都市の歴史性をみてみます．都市の歴史性とは，時間の経過とともに都市がどのように変化してきたのか，過去につくられたものごとをどのように受け継いでいるのか，そこにどのような特質があるのか，ということです．東京都内の文化財に指定・登録されている建築物の用途は宗教施設（神社，寺院，教会）が最も多く，これらの大半は建築物と土地の用途が変化していません．その次に多いのが住宅です．住宅の場合，建築物と土地の用途は変化しているものと別の用途で利用されているものがそれぞれ半数を占めます．変化後の用途としては，商業施設，文化施設が多くみられます．商業施設の場合は，レストランやカフェとして利用されており，歴史的な意匠がつくりだす雰囲気から人気を博しています．文化施設として利用されている場合は，屋敷地がそのまま公園に転用される，あるいは建築物が公園内に移築される現象がみられるのが特徴です．公園への転用や移築といった現象は，日本の都市の特性を反映した建築物保存の形であると考えられます．以下，それぞれについてより詳しく見ていきます．

3.2　公園内の歴史的建築物

まず，歴史的建築物とその土地が公園に転用される現象をみます．東京都内では，旧古河庭園（写真8），岩崎邸庭園，清澄庭園，駒場

写真8　旧古河庭園

公園などが該当します．屋敷地の全体，あるいはその一部が公園となり，建築物は建物内での展示を含めて，それ自体が博物館として利用されています．公園内に歴史的建築物が立つ姿は異質にも感じられますが，実は制度と理論に裏付けられた現象です．都市公園法は公園内での建築行為を著しく制限しています．しかし同法の規定では，歴史的建造物などの特定の施設は公園内に設置されることを許容しています[4]．実際，上野公園内には多数の博物館，美術館などが存在し，その大半が重要文化財に指定されています．日比谷公園内にも日比谷公会堂，旧公園事務所，日比谷図書文化館などが存在し，これらも保護の対象になっています．したがって，都市公園は建築物保存において大切な役割を果たしているといえます．一方，近代都市計画の主要な理論の1つである「アテネ憲章」[5]は，公園内の歴史的建築物について言及しています．「アテネ憲章」は，前近代の建築様式と都市構造を否定し，その改造を主張していますが，モニュメンタルな記念碑的な建築物を公園の中に保護すべきと論じ

ています．公園内の歴史的建築物は，現代の都市において建築物保存を行う難しさを物語っています．歴史的建築物の使用価値は相対的に低く，専らその土地の交換価値の高さが評価される現実があります．そして，公園のように市場から切り離された土地に歴史的建築物が存在します．公園内の歴史的建築物の数，割合は大きくありませんが，ここに日本の都市の歴史性の一側面が現れています．

　ところで，公園内の歴史的建築物の中には，利用されていないもの，公開されていないものも少なくありません．利用を控えることで，建築物の価値を維持するような建築物保存は凍結保存とよばれます．しかし，現在では歴史的建築物を活用することが歴史的建築物を保存するために必要不可欠であるという認識が一般的になりつつあります．歴史的建築物の存在を維持するためには，非常に多くの費用と労働力が必要になるからです．日本では，2006年にNPO法人などによる文化財の活用を支援する仕組みが創設されています．近年では，公園内の歴史的建築物においても，歴史的建築物内に飲食スペースが設置されたり，歴史的建築物を市民のイベント・会議のために貸し出すなど，歴史的建築物を活用する試みがみられます．たしかに，歴史的建築物は存在するだけでその土地の景観に特色を与えてくれますが，建築物は利用されることによって，その景観はより豊かになります．そういったプロセスを経験することで，歴史的建築物は地域の人々に親しまれ，地域に根付いた存在となり，地域性を生み出すことに繋がっていくのではないでしょうか．日本における身近な歴史的建築物の保存と活用の取組みは発展途上の段階にあります．イギリスの環境保全団体であるナショナル・トラストの取り組みなどが参考になります．

3.3 歴史的建築物の移築保存

建築物を保存する際に，しばしば移築という建築行為が用いられます．建築物を部材に解体し，別の土地で再度建築することです．曳家といって，建築物を解体せずに移動させる技術も存在します．民家や茶室の移築は古くから存在していたそうです．屋敷地や庭園をつくる際に，別の土地から名建築を移築するようなことがあります．そして，近現代にも同様の手法がみられます．横浜市三渓園内の移築された茶室群，文京区椿山荘内の三重塔がその例です．

一方，現代の移築は，現地での保存が困難な建築物を別の場所に保存する場合に用いられることが主なものです．愛知県犬山市の明治村，東京都小平市の江戸東京たてもの園などが代表例です．明治村内に旧帝国ホテル（写真9）があります．世界的に著名な建築家フランク・ロイド・ライトが設計した建物です．かつては東京都日比谷にありましたが，土地の高度利用，施設の現代化のため，高層ビルに建替えられました．様々なやり取りを経て，明治村が開園され，帝国ホテル旧館が移築されました．このように，移築という建築物保存の一手法もまた日本の都市の歴史性を示しています．しかし，このような移築保存には，賛否両論あります．まず，現地で保存すべきであるという見方があります．前述の公園内の歴史的建築物でみられるように，建築物でありながら利用されずに展示されるのみである場合が多いことも批判を招く要因だと考えられます．他方，移築をよしとしてきた日本の建築文化を踏まえると，建築物の移築保存に庭園を作庭するような軽快さも垣間見ることができます．

近代化，および震災と戦災からの復興，高度経済成長期の都市再開発では，都市構造の変化（すなわち，新しい道路の敷設と街区の再編成）も伴いながら，土地の上に立つ建築物もまた近代化，現代化を遂げてきました．その結果，都市景観は激変しました．そのよ

写真9　旧帝国ホテル

うな都市計画事業の履歴の中に，移築保存という建築行為も位置づけられます．戦後の移築保存は，再開発の結果として生じたものが多く，ダイナミックに変化してきた（成長してきた）都市の歴史的な側面を物語る存在でもあるのです．

　このように土地に注目しながら建築物保存をみることで，都市の歴史性の一側面が理解されます．歴史的建築物はそれ自体が都市の歴史を物語る存在というだけでなく，その土地の履歴と共にみることで，現代の都市の姿をつくりだした都市の歴史性を示す存在にもなります．

4．建築物保存と都市の歴史性をめぐる現代的課題

　つづいて，建築物保存と都市の歴史性をめぐる現代的課題をみます．ここまでみてきたように時間の経過とともに多くの建築物保存

が実現してきました．しかし，建築物保存の経験が蓄積されたことや時代の変化とともに，建築物保存にも新たな問題が発生しています．ここでは，都市の歴史性をめぐる現代的課題として，修景，復原，移築，災害遺構をめぐる問題について紹介します．

4.1 修景と都市の歴史性

歴史景観の保全では，修景という行為も重要になります．修景とは，歴史的建築物を修復する，新しい建築物を建設する際に，その場の景観に調和するように配慮することです．

修景では，大きく2つの傾向がみられます．1つは，歴史的建築物と同様の様式や意匠を採用するものです．もう1つは，現代的な構造や材料を用いながら，周囲の歴史的建築物が有する規模，配置，高さなどの特徴を尊重するものです．こういった道筋が示されていますが，実際には様々な問題が発生します．問題の要因は，21世紀というこの時期に，どういった建築物が建てられることが望ましいのかという問いに集約されます．

埼玉県川越市の川越本町伝建地区（川越一番街）を例に修景をめぐる問題を具体的に見ていきます．川越一番街には蔵造の町並みがあります（写真10）．川越一番街では，町並み委員会という組織が『まちづくり規範』というルールに沿って新たな建築行為について審査を行っています．町並み委員会は，市民，商店主，行政，専門家などからなる組織です．『まちづくり規範』は川越一番街の町並みを特徴づける55の要素が記されており，新たな建築行為へのデザインコードとして機能しています．町並み委員会とまちづくり規範が両輪となり，川越一番街の町並みは保全されています．その川越一番街にFギャラリーという建物があります（写真11）．敷地内には，分棟された鉄筋コンクリート造りの建物が並び，中庭のよう

第11章 歴史を活かしたまちづくり　271

写真10　川越一番街

写真11　Fギャラリー

な空間も存在します．また，通りに面して設置されたアクリルの庇が外観の特徴をつくり出しています．この建物は，町並み委員会での審査と議論を経て，まちづくり規範に沿って設計されたものです．設計プロセスに介入してきた川越一番街のまちづくりに携わる方々は，この建物の意匠を高く評価しています．他方，文化庁はこの建物を伝建地区にふさわしくないと認識しているようです．都市には様々な時代の建築物が共存し，町並みがつくられています．それは欧米の旧市街地でも，日本国内の伝建地区でも同様です．こういった状況の中でどのような現代建築を建設するか，町並みに調和させることができるかという課題が存在しています．歴史的建築物と同様の様式や意匠を備えた建築物を建設した場合でも，その完成は町並みに変化をもたらすことに変わりありません．歴史的な様式を用いて，かつては存在しなかった町並みを作り上げていることになるからです．

4.2 復原と都市の歴史性

次に，復原という建築行為と都市の歴史性についてみます．復原とはかつて存在した建築物を再現することを指します．ものとしての建築物を保存するわけではありませんが，広義には建築物保存に含まれます．復原は博物館などでよく見られます．古代の遺跡や遺構の姿を再現した展示物です．このような展示物は，あくまで再現されたものであり，博物館内の資料に過ぎません．他方，都市内での建築物の復原では，ワルシャワ旧市街地がよく知られています．ポーランドの首都ワルシャワは第二次世界大戦により旧市街地が破壊されました．戦災復興の際，旧市街では当時主流の近代建築を建設せず，戦前の姿を再現しました．市民はワルシャワの記憶を後世に引き継ごうと旧市街地の復原を決断しました．

第 11 章　歴史を活かしたまちづくり　273

写真 12　三菱一号館

　近年，日本でも著名な歴史的建築物が復原され，議論の的になりました．東京丸の内の三菱一号館の復原です（写真 12）．三菱一号館は，一丁ロンドンと呼ばれ，日本初のオフィス街である丸の内の歴史のシンボルともいえる建築物です．高度経済成長期に再開発により取り壊されました．しかし，約半世紀を経て，新たな再開発が行われることになり，三菱一号館が復原されました．厳密に行われた復原に対する評価は高いのですが，復原すること自体への疑問が投げかけられています．三菱一号館が復原された再開発は，初代三菱一号館の取壊した後に建設された建物を含む3つのオフィスビルが建つ土地で行われたものです．このうち，丸の内八重洲ビルヂングは昭和初期の貴重なオフィスビルでした．再開発により前時代の建築物を取り壊してしまうことは，歴史の軽視ではないかという疑問が発せられています．たしかに，この土地の歴史は三菱一号館を中心に物語られがちです．そして，その他の建築物の存在は忘れさ

られ，丸の内の歴史が三菱一号館という象徴的な建築物の存在に集約されています．都市の歴史性を踏まえると，復原という建築物保存にはこのような難しさが存在します．

4.3 イタリア共和国ウルビノの景観論争にみる都市の歴史性

都市の歴史性をめぐる議論は，建築と都市空間に豊かな歴史性が感じられる欧米の都市でも発生します．イタリア共和国ウルビノでの景観論争を紹介します．ウルビノという都市は，イタリア中部のマルケ州に位置する丘陵都市で，ドゥカーレ宮殿をはじめとするルネサンス期に建設された建築物群に特徴があり，1998年には世界文化遺産に登録されています．ウルビノは芸術的な都市造形を持っていますが，戦後の高度経済成長期に人口が減少し，産業が衰退したため，1950年代後半から都市再生事業が展開されました．旧市街地内の未利用の歴史的建築物を改修し，大学校舎や観光施設として利用することで，ウルビノは大学と観光の都市として再生しました．その結果，現代のウルビノは大学生と観光客が溢れ，とてもにぎわいのある都市になりました．

そのウルビノにおいて2000年前後に景観論争が生じました．Dataという場所の修復再生をめぐる対立です．Dataはルネサンス期に建設された厩舎跡で，建設から100年を待たずに利用されなくなり，屋根が崩落した廃墟として未利用だったところです．この場所を都市再生に活用するため，いくつかの提案が繰り返されてきました．ウルビノの玄関であるメルカターレ広場に面した位置にあり，メルカターレ広場からドゥカーレ宮殿を見上げた時に同時に視界に入るため，その修復再生には，歴史や景観への配慮が求められました（写真13）．このような経緯の中で提案され，実現された計画は，ドゥカーレ宮殿，Data，ウルビノの歴史を踏まえたものでした．

第 11 章 歴史を活かしたまちづくり　275

写真 13　ウルビノ

建設当初から存続する箇所はその状態を維持した上で，新しい構造物を付加することで，都市観測所（文化・マルチメディアセンター）として利用しようとするものです．しかし，新しい構造物の材料が鉄とガラスであり，その屋根が波型に湾曲した形状であることから，現代的なデザインはルネサンス都市にふさわしくないという意見が生じました．反対する人の中には，元々存在していた厩舎の復原が望ましいという意見もありました．しかし，論争の結果，提案を一部修正して都市観測所は完成しました（写真 14）．完成した意匠は，ドゥカーレ宮殿の眺望から現代的な要素をなくすことが意図されています．

　この論争からは，現代に生きる私たちが，過去の時代をどのように捉えるべきかという複雑な問題が存在することを教えてくれます．丸の内やウルビノにはその歴史の中で特筆すべき，象徴的な出来事があり，後世の人々はその特徴を大切にしてきました．しかし，時

写真 14 ウルビノ Data

間が経過すると共に,そういった特徴は変化を余儀なくされます.それは過去にも生じてきた変化であり,私たちが生きる現代にも発生しているものです.こういった時間の経過や特徴の変化をいかに受け入れるかが大切なことだと考えられます.

4.4 移築と都市の歴史性

続いて,移築と都市の歴史性をみてみます.現地で保存することが最適であるとして,移築に対する批判が存在することは既に紹介しました.ここでは移築保存が移築される場所とその歴史性に及ぼす影響について考えます.

山梨県甲府市の甲府駅北口に旧睦沢小学校という歴史的建築物があります(写真 15).木造建築でありながら,欧米風の意匠を備えた擬洋風建築物です[6].以前は,市内の神社境内に移築保存されていましたが,甲府駅北側の鉄道用地跡に移築されました.甲府市の

第11章 歴史を活かしたまちづくり　277

写真 15　旧睦沢小学校

中心市街地の活性化を目的とした甲府駅北側の未低利用の土地での観光施設の整備の一環で実現しました．旧睦沢小学校は，山梨県内に残されている近代建築の中では非常に価値の高いもので重要文化財に指定されています．この建物自体が山梨県の近代化を物語る存在といえますので，神社境内にひっそりと佇んでいた時に比べて，より多くの市民の目に触れることになったことはとても望ましいことです．先に述べた横浜市では，移築保存により地域の固有性や歴史性を強調する都市デザインの実践がみられますが，このような建築物保存の事例からはいかに歴史的建築物がその土地に存在感を与え，土地の個性を生み出す様子を伺うことができます．しかし，都市の歴史性が一時代の一側面を象徴的に表現することやその本来の土地でない場所で集中的に表現されることには疑問を感じるのも確かです．このように建築物保存もまた都市再開発と同様に周囲に影響を及ぼします．したがって，この移築保存が将来において人々の生活に根付き，人々から愛される建築物になり，この場所の歴史を

刻む存在になるかどうかが，建築物保存の成否を左右すると考えられます．

4.5 災害遺構と都市の歴史性

最後に，近年話題になっている建築物保存について取り上げます．移築保存には賛否両論ありますが，現地で行われなくてはならない建築物保存があります．災害遺構の保存です．災害遺構とは，過去に起こった自然災害や人的災害の記録と記憶を後世に伝えるための建築物や構造物を指します．災害遺構は，まさにその場所で起こった出来事を記録することが大切です．したがって，その強力なメッセージはその場所で伝えられる必要があります．日本国内の災害遺構で最も著名なものは広島市の原爆ドームです．詳しく説明するまでもなく，原子爆弾の脅威を伝える負の遺産で，世界文化遺産に登録されています．そして現在，私たちは原爆ドームの保全を当然のことと考えています．原爆によって亡くなられた方々，原爆ドームの保全に尽力した方々の存在を想像するならば，私たちも保全に協力の意を示し，後世に伝えていかなければならないという気持ちになります．しかし，その原爆ドームの保全も当初は反対意見があったそうです．悲惨な出来事，悲劇を早く忘れたい，思い出すのはつらいというものです．

現在，慎重な議論が必要とされているのは，2011年3月11日に発生した東日本大震災の災害遺構の保存です．宮城県南三陸町の南三陸防災対策庁舎（写真16），同県石巻市の門脇小学校（写真17）などの保全には賛否両論があります．震災から3年が経過した2014年時点で，明確に遺構の保全が決定されたものはごくわずかです．保存の主張は，3.11の悲劇，自然災害の脅威，地震と津波が繰り返される歴史を後世に伝えることです．反対する意見とその理由は，

第 11 章 歴史を活かしたまちづくり 279

写真 16 南三陸町防災対策庁舎

写真 17 門脇小学校

原爆ドームの場合と似ています．2014年8月に門脇小学校を訪れた際には，遺構を見たくないという遺族への配慮のため，建物の周りは目隠しされていました．そういった膠着した状況で注目すべき動向もみられます．当初は保存に反対していた人々の中に遺構を大切な人を思い出すよすがとして捉える心境の変化が生じているのです．これは，遺構を慰霊の場として大切にし，その保全に賛成している人々の気持ちに似ています．また，災害遺構の保全には，別種の課題も存在します．被災した鉄骨造，鉄筋コンクリート造の建築物を保全し続けることの難しさです．現在の状態をそのまま維持するためには，技術的，経済的な課題を乗り越えなければなりません．様々な困難を抱えている災害遺構の今後は現時点でははっきりとしていません．現在は第三者がその是非を検討しています．

5. 今後の展望　身近な歴史的環境を育もう

　冒頭に述べました通り，私たちが身を置く都市にはそれぞれ固有の歴史があります．そして，身近な環境に目を向けると，そこに歴史的建築物が存在することに気づきます．たくさんの歴史的建築物が地域の人々から大切にされ，保存されるようになってきましたし，まちづくりの中で丁寧に活用されているものも少なくありません．今や建築物保存はまちづくりの一手法として定着し，市民権を得たといっても過言ではありません．このような成果は，理論や制度の進展とともに，数十年をかけて少しずつ実現してきました．また，現在みられる実績や経験は，建築物保存に携わってきた多くの立場の人々の存在なくして語ることはできません．建築物保存には実にたくさんの人々が関わっています．様々な立場の人々が関わり，建築物保存の定着に貢献してきました．先に取り上げた建築物保存を

めぐる現代的課題では，多様な立場が生み出す対立や葛藤を示しています．しかし，現代的な課題には，ただ一つの正解というものが存在せず，正解を導くためのプロセスを大切にすることが求められます．だからこそ，多様な立場の存在が建築物保存の多様性をもたらすことを忘れてはならないと思います．多様な人々の参加が都市の多様性を生み出し，都市の個性を育みます．それは同時に，多くの人々にとって生活しやすい，住みやすい都市をつくることでもあります．同じように，身近な歴史的環境をみつめ，育んでいこうとする姿勢が建築物保存をめぐる現代的課題を解決に導き，今後の展望を開く道だと考えられます．そのためには，一部の専門家，一部の愛好家だけでなく，一般の多くの人々が建築物保存に関心を持ち，携わることができる状況を生み出していくことが大切だと考えられます．

[注]
1) 建替えを反対する意見には，国立競技場が文化遺産であること，建替え後の新国立競技場は神宮外苑の風致を損なうこと，巨大な公共施設の建設，および維持管理の費用が莫大であること，などが挙げられています．
2) 戦前にも文化財保護法に相当する法律は存在しました．国宝保存法，史跡名勝天然記念物保存法などです．文化財保護法はこれらの法律を統合した内容になっています．
3) 他方，厳格な仕組みであることが保存への理解を妨げてきたという指摘もあります．現状変更への厳しい規制は歴史的建築物を所有することの負担感を増大させるためです．重要文化財への指定を拒否して，取り壊されてしまった歴史的建築物は少なくありません．本章で復原の事例として取り上げた三菱一号館は重要文化財への指定を打診されながらも，取り壊されたケースとして有名です．
4) 都市公園法施行令第6条には，歴史的建築物などの設置が公園面積

の20%まで認められることが記されています.
5) 近代建築の巨匠ル・コルビジェが中心となり，近代建築国際会議（CIAM）が作成した近代都市計画の理論．1919年にアテネで開催された第3回CIAMにて起草されたためアテネ憲章と呼ばれています．
6) 擬洋風建築は西洋の建築技術を摂取し始めた明治初期の地方都市で多く建設されました．地方都市の大工棟梁が在来の建築工法に西洋建築の意匠を取り入れて建設したものです．

[文献]

文化庁文化財部記念物課監修, 2010, 『都市の文化と景観』同成社.

G.De Carlo,1966, *Urbino, la storia di una citta e il piano della sua evoluzione urbanistica* Marsilio Editori Padova.

陣内秀信, 1992, 『東京の空間人類学』筑摩書房.

西村幸夫, 2004, 『都市保全計画 歴史・文化・自然を活かしたまちづくり』東京大学出版会.

大河直躬・三舩康道, 2006, 『歴史的遺産の保存・活用とまちづくり』学芸出版社.

清野隆・土肥真人・杉田早苗・丸谷耕太, 2008, 「東京都の歴史的建造物とその敷地用途の関係に関する研究」『ランドスケープ研究』71巻, 5号, 日本造園学会, 737-740.

清野隆・安田成織・土肥真人, 2010, 「横浜市認定歴史的建造物制度の「保全活用計画」の景観的価値にみる参照関係――単体保存制度によるグループとしての歴史的建造物の保全活用の可能性」『日本建築学会計画系論文集』75巻, 657号, 日本建築学会, 2755-2762.

清野隆, 2013, 「イタリア共和国における歴史的景観の保全の現代的課題――ウルビーノ歴史的地区におけるData修復再生をめぐる論争を事例に」『都市計画論文集』48巻, 3号, 日本都市計画学会, 1077-1082.

鈴木博之, 2012, 『シリーズ日本の近代――都市へ』中公文庫.

―――, 2013, 『保存原論 日本の伝統建築を守る』市ヶ谷出版社.

内田雄造, 1971, 「抵抗の都市計画運動」『建築雑誌 建築年報』日本建築学会, 289-293.

―――, 2006, 『まちづくりとコミュニティワーク』部落解放人権研究所.

山本真紗子・清野隆・土肥真人，2013，「ナショナル・トラストの歴史的資産の保全における地域コミュニティの参加—— Going Local とロンドン市内の資産を事例に」『日本建築学会計画系論文集』78 巻，691 号，日本建築学会，1989-1994.

Fieldwork
訪ねてほしいフィールド

川越（埼玉県）

　小江戸と呼ばれ親しまれる川越は室町期に形成された城下町で，江戸初期の町割りが現在の川越の市街地の原型です．そのシンボルの1つである蔵造りの町並みは川越の近代化を今に伝える風景で，明治中期の大火後に，都市の不燃化を図ったものです．川越では歴史的建築物を現代的に活用することで保全し，後世に継承しています．町並み保全とは何かを教えてくれる川越はまちづくりに関心のある学生がぜひ訪ねてほしい場所の1つです．

横浜(神奈川県)

 開港都市である横浜には，たくさんの近代化遺産が現存します．国家の近代化を支えた港湾施設，外国人居留地内の洋館，ホテル，競馬場など，これらの遺産は往時の横浜の姿を想像させてくれます．赤レンガ倉庫，ドックのように，近代化遺産を現代の都市空間に上手に取り込み，新しい空間を創出している点に横浜の独自性があります．

丸の内界隈（東京都）

　東京駅西側の丸の内界隈は，近年変貌を遂げています．東京駅の復元，行幸通りの再整備，三菱一号館の復元，歴史的建築物の保全と再開発は，グローバルな都市間競争を生き抜くビジネスセンター，江戸東京のヒストリックセンターの2つの表情を見せています．東京駅前広場の完成も間近です．丸の内界隈でデザインされている歴史性の表現への是非は判断が分かれるところですが，東京の姿を理解する上で重要な場所として，ぜひ訪ねてほしい場所です．

URBINO（イタリア共和国）

　ルネサンスの理想都市としてヨーロッパ各地から観光客が足を運ぶ都市ウルビノ．日本ではあまり知られていませんが，その美しさから一度は訪れてほしい都市の1つに挙げられます．ドゥカーレ宮殿をはじめとするルネサンス期の建築遺産，旧市街地を取り囲む緩やかな起伏が繰り返す田園地帯はもちろん，戦後の都市再生プロジェクトによって甦ったウルビノ自由大学の校舎群も一見の価値があります．

Book Guide

都市へ

鈴木博之著
中公文庫，2012

　本書は，日本の近代に迫るシリーズの1冊で，日本の都市の近代化について論じています．江戸末期の開国を契機として，日本国家は急速な近代化を推し進めていきますが，その中で都市空間も大きく変貌していきます．建築，あるいは都市計画という領域においては，欧米の建築や都市の思想，技術，精神を摂取し，受容していきますが，そこには多くの葛藤がみられます．和洋折衷．和魂洋才．単なる受動的な模倣ではなく，近代欧米の文化を通じて，日本の近代化を試みる精神が様々な形の建築を生み出してきた様子が描かれています．本書の特徴は，日本の都市の近代化に心血を注いだ人物に注目して，日本の近代化の精神を解読している点です．本書を読み，現存する遺産を訪れることで，日本の建築と都市の近代化の意味を探ることをおすすめします．

Book Guide

山あいの小さなむら
山古志を生きる

東洋大学福祉社会開発研究センター編
博進堂, 2013

　本書は, 2004年に発生した中越大地震で被災した山古志村（現在は長岡市山古志地区）の復旧復興の姿を描いた物語です. 現在, いわゆる中山間地域では人口減少と高齢化により, 集落の様々な機能が低下し, 集落の存続が危ぶまれています. 山古志村も同じような状況にありますが, 災害を乗り越えて7割の村民が元の集落に帰ることを選択しました. なぜ山古志村の人々が困難を乗り越えて集落に戻ることができたのか. なぜ山古志の人々は機能低下し, 存続が危ぶまれる集落で暮らすことを選んだのか. 様々な困難を抱えるだろう集落の将来をどのように展望しているのか. 山古志の人々の実際の暮らし, 様々な問題を乗り越える力強さから, 私たちが学ぶべきことは多いです. 都市で生活する私たちにとっては, 農村集落での暮らし自体が力強く, 魅力的にみえます.

第12章

「記紀」から考える文化財

関根理恵

写真1　12世紀に建てられた「古文書を守る者のモスク」と名づけられたクトゥビーヤ・モスク（Jāmi' al-Kutubīya），マラケシュ・モロッコ

1. 文化財とは

　文化財とはどんなものでしょうか？　古くて，高価で，美しいものなどとぼんやりとしたイメージをみなさんはもっていることでしょう．それを正確に説明することはなかなか難しいことです．なぜなら人間には，それぞれの価値観があります．人によって経験や考え方が異なり，価値を統一することの難しさを，経験を通して我々は知っています．ではどのようにして文化財を定義すればいいのでしょうか．現在では，現行法である文化財保護法（一九五〇年五月）の第二条によって以下の通り「文化財」が定義されています．

　第二条　この法律で「文化財」とは，次に掲げるものをいう．
　一　建造物，絵画，彫刻，工芸品，書跡，典籍，古文書その他の有形の文化的所産で我が国にとって歴史上又は芸術上価値の高いもの（これらのものと一体をなしてその価値を形成している土地その他の物件を含む．）並びに考古資料及びその他の学術上価値の高い歴史資料（以下「有形文化財」という．）
　二　演劇，音楽，工芸技術その他の無形の文化的所産で我が国にとって歴史上又は芸術上価値の高いもの（以下「無形文化財」という．）
　三　衣食住，生業，信仰，年中行事等に関する風俗慣習，民俗芸能，民俗技術及びこれらに用いられる衣服，器具，家屋その他の物件で我が国民の生活の推移の理解のため欠くことのできないもの（以下「民俗文化財」という．）
　四　貝づか，古墳，都城跡，城跡，旧宅その他の遺跡で我が国にとって歴史上又は学術上価値の高いもの，庭園，橋梁，峡

谷，海浜，山岳その他の名勝地で我が国にとって芸術上又は観賞上価値の高いもの並びに動物（生息地，繁殖地及び渡来地を含む．），植物（自生地を含む．）及び地質鉱物（特異な自然の現象の生じている土地を含む．）で我が国にとって学術上価値の高いもの（以下「記念物」という．）

五　地域における人々の生活又は生業及び当該地域の風土により形成された景観地で我が国民の生活又は生業の理解のため欠くことのできないもの（以下「文化的景観」という．）

六　周囲の環境と一体をなして歴史的風致を形成している伝統的な建造物群で価値の高いもの（以下「伝統的建造物群」という．）

　これらをみると，なるほどどれも重要なお宝だと率直に関心してしまいますが，これらはいつの時代から文化財として取り扱われてきたのでしょうか．どのようにして人は沢山のモノの中から特別なモノを識別し，文化財として認識してきたのか文化財の歴史を振り返ってみたいと思います．

2. 宝物の概念

　文化財とは，先述したように人々にとっての宝物，つまり貴重で大切なものを指します．日本の歴史を記した古い書物の一つに，『日本書紀』があります．そこには，古代の人々の日常の様子や風習などが記述されています．『日本書紀』の神代巻（以下神代紀）[1]および『古事記』の神代巻（以下神代記）[2]には，天岩屋に関する物語中に八咫鏡，尺瓊勾玉，草薙剣の起源が記されています．これらは，いわゆる「三種寶物」であり，『神代紀』の巻第二にも，「欲

以此皇孫代降．故天照大神乃賜天津彦彦火瓊瓊杵尊，八坂瓊曲玉及
八咫鏡，草薙劍，三種寶物」[3]と瓊瓊杵尊にこれらを授けたことが
語られています．同様に，『神代記』の天孫降臨条にもこのエピソ
ードが語られています[4]．

　ここで注目したい点は，「三種寶物」の記述がみられることです．
これら人間が創造したモノが重要なモノ，つまり「寶物」視されて
いる点です．『日本書紀』や『古事記』が物語っているように，自
然崇拝の上に成り立った古代の人々の信仰が，モノと結びついてい
る点がとても興味深いです．

　さらに丁寧に見てみると，神代紀第九段一書第二には，「遂拔所
帶十握劍．斬軻遇突智爲三段．此各化成神也．復劍刃垂血．是爲天
安河邊所在五百箇磐石也．卽此經津主神之祖矣．復劍鐔垂血，激越
爲神．」[5]と劍から神が化成するストーリーが展開されます．

　『古事記』上巻 火神被殺にも「於是伊邪那岐命．拔所御佩之十拳
劍．斬其子迦具土神之頸．爾著其御刀前之血．走就湯津石村．所成
神名．石拆神．次根拆神．次石筒之男神【三神】次著御刀本血．亦
走就湯津石村．所成神名．甕速日神．次樋速日神．次建御雷之男神．
亦名建布都神【布都二字以音下效此】亦名豐布都神【三神】次集御
刀之手上血．自手俣漏出．所成神名【訓漏云久伎】闇淤加美神【淤
以下三字以音下效此】次闇御津羽神．上件自石拆神以下．闇御津羽
神以前．并八神者．因御刀所生之神者也．」[6]と御刀によって化成
する八神が記されています．

　また『古事記』では，「所殺迦具土神之於頭所成神名．正鹿山
（上）津見神．次於胸所成神名．淤縢山 津見神【淤縢二字以音】次
於腹所成神名．奧山（上）津見神．次於陰所成神名．闇山津見神．
次於左手所成神名．志藝山津見神．【志藝二字以音】次於右手所成
神名．羽山津見神．次於左足所成神名．原山津見神．次於右足所成

神名．戸山津見神【自正鹿山津見神．至戸山津見神．并八神】故所斬之刀名．謂天之尾羽張．亦名謂伊都之尾羽張【伊都二字以音】於」と刀が「天之尾羽張」「伊都之尾羽張」という名であることを記載しています[7]．

『日本書紀』でも「神度剣」や「草那芸剣」など固有の名前を持つ名刀の名が見受けられます．つまりこれらは，特別な霊力が宿っているモノとして特別視されていたということです．由来や形状（大きさや姿）が重視されていたことも物語っています．

同様に，『神代紀』第五段一書第一・第二では，「右手持白銅鏡，則有化出之神，是謂大日孁尊」と白銅鏡から大日孁尊という神が生まれた記述があり，鏡にも威力があることが示されています[8]．また，『古事記』上巻 天孫降臨には，「爾天兒屋命，布刀玉命，天宇受賣命，伊斯許理度賣命，玉祖命并五伴緒矣．支加而．天降也．於是副賜其遠岐斯【此三字以音】八尺勾璁，鏡，及草那藝劒，亦常世思金神，手力男神，天石門別神而，詔者，此之鏡者，專爲我御魂而，如拜吾前伊都岐奉．次思金神者，取持前事爲政．」としており，鏡が崇める対象となっていることがわかります[9]．

刀や鏡のすべてが神として扱われていたのかどうかという点に疑問が残りますが，例えば，『日本書紀』巻第九 神功皇后攝政五一年三月～六二年では，「五十二年秋九月丁卯朔丙子，久氐等從千熊長彥詣之 則獻七枝刀一口 七子鏡一面及種種重寶 仍啟曰 臣國以西有水 源出自谷那鐵山 其邈七日行之不及 當飲是水 便取是山鐵以永奉聖朝 乃謂孫枕流王曰 今我所通東海貴國 是天所啟 是以垂天恩 割海西而賜我 由是國基永固 汝當善脩和好 聚斂土物 奉貢不絕 雖死何恨 自是後 每年相續朝貢焉久」という記述があり，神功皇后五二年九月丙子の条に，百済の肖古王が日本の使者である千熊長彦と面会し，七支刀一口，七子鏡一面，及び種々の重寶を献じてお互いの国の友

好を願ったことが記されています[10]．つまり，これらが「重寶」として扱われていたことには間違いありません．

さらに，『日本書紀』巻第九　神功皇后攝政四三年〜四七年四月でも，「爰斯摩宿禰即以傔人爾波移与卓淳人過古二人．遣于百濟国，慰勞其王．時百濟肖古王，深之歡喜而厚遇焉．仍以五色綵絹各一疋，及角弓箭，并鐵鋌四十枚，幣爾波移．便復開寶蔵，以示諸珍異曰，吾国多有是珍寶．欲貢貴国，不知道路．有志無從．然猶今付使者，尋貢獻耳．於是爾波移奉事而還，告志摩宿禰．便自卓淳還之也．」という記述が見られ，五色綵絹や角弓箭，鐵鋌などを「珍寶」と考えていたことがわかります[11]．

これらは，どうして「寶」なのでしょうか？　それは，高度な技術が開発され，それらの技術の粋を集めた傑作であったからこそ，それらが「珍寶」として考えられていたと思われます．三種神器は，祭事や信仰に必要不可欠なモノであり，神に関する神聖なモノで，当然価値のあるものと考えられていたにちがいありません．

3. 技術について

なぜ刀や鏡が「重寶」として珍重されてきたのでしょうか．それは，当時の高度な技術を駆使した貴重品であったからだと先に推測しました．

刀を例として考えてみましょう．刀を作るには原料が必要です．原料として考えられるのが鋼鉄です．さらに，鋼鉄の大元となる原料は，砂鉄と鉄鉱石です．

粘土製の炉を築き，原料となる砂鉄などと燃料の木炭を交互に装入し，燃焼熱によって鉄を還元させ鋼鉄を作ります．この鋼鉄を作り出す技法を踏鞴製鉄（たたらせいてつ）といいます．

『日本書紀』巻二七，天智天皇九年には，「是歳造水碓而冶鉄」とあり，どうやら六世紀ごろに踏鞴製鉄の技法が開発されたと見られています[12]．しかし，正確なことは未だわかっていません．日本の文化が，中国大陸の影響を受けていることを我々は経験的に知っています．製鉄技術も同様で，大陸の技術が伝播したものだと考えられます．

古い鉄器の例では，中国河北省台西村の墳墓（殷代中期）から出土した鉄刃銅鉞などがあげられます[13]．しかしこれは，原料が隕鉄であることがわかっており，鉄鉱石や砂鉄を還元する踏鞴製鉄の技術を用いて作られたものではなく，隕石として地上に存在した鉄の塊を加工した鉄器です．加工技術である鍛造の技術はすばらしい技法ではあるのですが，『叩く』，『伸ばす』，『研磨する』という技術は，鉄に限らず石や土などに対しても広く使われている技法で，人類が最初に思いつく最も原始的な技法ともいえるでしょう．

ではいつの時代に製鉄が開発されたのでしょうか．『毎日新聞』の報道（二〇一三年四月八日夕刊）によれば，トルコ中部，カマン・カレホユック遺跡で鉄器と鉄滓(てっさい)が発見されたそうです．これは，紀元前二〇世紀頃にすでに鉄を生産する技術が存在したことを明確に示す事例であり，最も古い例として注目されています[14]．

一方，日本列島で製鉄が行われるようになった時期については，詳しいことがわかっていません．各地に残る考古遺物から類推すると，弥生時代初期に鉄素材を輸入しながら国内で鉄製品の加工や生産が行われるようになり，弥生時代後期には独自で日本国内において製鉄が開始されたようです．その後，古墳時代後期になると，日本列島内で独自の炉を持ち，製鉄がおこなわれるようになり，鉄生産の技術が発展していきました．

発展とともに，初期のころに原料として使われていた鉄鉱石に代

わって砂鉄が多く使われるようになり、砂鉄の採取方法や製鉄の過程が実践を通して変化していったことが知られています[15]. そして製鉄の過程の変化によって、玉鋼とよばれる特殊な原料を作り出すことに成功しました.

玉鋼とは、炭素量がきわめて多い鋼で、刃物に適する科学組成を持った物質です. 通常の鉄の炭素量は0.7％ですが、玉鋼は、1〜1.5％の炭素を含んでいます. これは、鋼に含まれる鉄滓分が酸化物系介在物を多く含んでいることを意味します. 酸化物系介在物によって、金属は非常に柔らかく伸びやすい性質を持つことがわかっています. また、折り返しを繰り返し、金属を鍛錬することによって金属は粘り強くなるとともに、きれいな肌模様が作り出されます. 生の材料を加工する前に下処理を行う技術を開発し、加工技術も同時開発するという人間のクリエーティブさが、現代の産業技術発展につながっているといえます. このように、たった一つの文化財の材料から、我々は日本の発展の歴史を窺い知ることができるのです.

4. 技術と神

日本では、鉄の原料を作る製鉄の技術自体が、天から降ってきた神によって伝えられたものと考えられていました. その神は、「金山彦」と呼ばれています. 別名、金屋子神です.『日本書紀』巻第一 第五段一書（四）では、「一書曰, 伊弉冉尊, 且生火神軻遇突智之時, 悶熱懊悩. 因爲吐. 此化爲神. 名曰金山彦. 次小便. 化爲神. 名曰罔象女. 次大便. 化爲神. 名曰埴山媛.」とし, 火の神様である「火神軻遇突智」は、「伊弉冉尊」から生まれ、その出産の際に「伊弉冉尊」が熱すぎて悶絶しているときに吐いてしまい、その吐瀉物から「金山彦」という「製鉄」の神様を生み出したと言っ

ています．また，その際に小便をしてしまい，その小便から「罔象女」という水の神が生まれ，同時に，大便からは「埴山媛」という粘土の神が生み出されたと述べています[16]．「火神軻遇突智」は，「ひのかみかぐつち」と読み，「かぐ」は，かぐや姫などに使われる言葉であり，「かがやく」の語源ともなる言葉です．

『古事記』にも同様に，「次生神名　鳥之石楠船神　亦名謂天鳥船　次生大宜都比賣神　次生火之夜藝速男神　亦名謂火之毘古神　亦名謂火之迦具土神　因生此子　美蕃登見炙而病臥在　多具理迩生神名　金山毘古神　次金山毘賣神　次於屎成神名　波迩夜須毘古神　次波迩夜須毘賣神　次於尿成神名　彌都波能賣神　次和久產巢日神　此神之子謂　豊宇氣毘賣神　故　伊耶那美神者　因生火神　遂神避坐也　凡伊耶那岐　伊耶那美二神　共所生嶋壹拾肆嶋　神參拾伍神　是伊耶那美神　未神避　以前所生　唯意能碁呂嶋者　非所生　亦姪子與淡嶋　不入子之例也」との記述が見られ[17]，「火之夜藝速男神」，別名「火之毘古神」もしくは「火之迦具土神」として火の神様から，製鉄の神様である「金山毘古神」，「金山毘賣神」が生まれたと言っています．また，苦しみのあまり脱糞し，そこから「波迩夜須毘古神」と「波迩夜須毘賣神」という粘土の神様が生まれたことが描かれています．

ここでいう「波迩夜須」とは，「波迩」は，現代でも埴輪などの言葉に見られるように，赤土の粘土を意味しています．そして，「夜須」は，いろいろな解釈がありますが，粘す＝粘土を練って粘り気があるようにする．また，練って柔らかくする．こねる．ことを意味していると考えられます．粘土を練る神様，つまり作陶の神様です．そして，「次於尿成神名　彌都波能賣神」として，尿から「彌都波能賣神」という水の神が生まれ，次に「和久產巢日神」[18]という生産力の神様，いうなれば，「やる気」「パワーアップ」「豊

穣」の神様が生まれたのです．つまり，水と火を生み出し，製鉄の技術を開発し，作陶する技術を身につけることによって，生産力＝国力が増したということです．

『日本書紀』にも，「卽軻遇突智娶埴山姫生稚産靈．」と記されており[19]，則ち製鉄の神様である「軻遇突智」が，作陶の神様である「埴山姫」を娶って（と結婚して），「稚産靈(わくむすひ)」という植物生成の神を作ったとし，つまり，火の神と土の神から五穀豊穣の神を生み出したことが述べられています．このことは，人間が生み出した技術の大切さ，そして技術がもたらす豊かさを説いているのです．

神代紀第九段一書第二では，「以紀伊國忌部遠祖手置帆負神，定爲作笠者．以彦狹知神爲作盾者．天目一箇神爲作金者．天日鷲神爲作木綿者．櫛明玉神爲作玉者．使天太玉命以弱肩被太手繦，而代御手，以祭此神者，始起於此矣．且天兒屋命，主神事之宗源者也．故俾以太占之卜事，而奉仕焉．」[20]とあり，重要人物である司祭者の天兒屋命・太玉命だけではなく，祭具の制作者の名前が記されており，制作者への尊敬の念が感じられます．

このように，人間が生み出した「技」に重きを置き，それらを尊敬する念は，この時にすでに生まれていたのです．文化財でも，無形文化財として「技術」の保存に力を入れていますが，「技術」の持つ価値を，我々は心にとめておかなければなりません．

5. 文化財からわかること

今まで，文化財の技術や材料について考えてきました．ではほかに，文化財はどんな価値を持っているのでしょうか？　それは，歴史を物語る証人としての価値です．

先ほど寶物の概念について考えましたが，実際に，七支刀および

七子鏡がどんなモノであったのか興味をひかれるところです．日々進歩する学術研究によってその姿も少しづつわかってきました．

七支刀については，奈良県天理市にある石上神宮に保存されていた七支刀（国宝）が，この七支刀ではないかと考えられています．なぜ千年以上も前の古代の刀を口伝がないにもかかわらず特定できたかというと，刀身に金象嵌銘文があり，それを解読することによって歴史を紐解くことができたからです．

私の先生である野口英雄博士のそのまた先生の福山敏男博士は，古文書解読の才に長けておられ，石上神宮の七支刀に関する銘文解釈で深い知見を示されました[21]．

特に，石上神宮の七支刀の刀身に刻まれていた「泰□四年十□月十六日丙午正陽造百錬□七支刀□辟百兵宜供供侯王□□□□作」に関して従来の研究では，「泰□＝泰始」四年（西暦二六八年）と読まれていたのを，福山敏男先生は「泰」を『タイ』と音読することで，「泰和」＝「太和」とし，泰和四年を太和四年（西暦三六九年）と解釈することによって，『日本書紀』にみられるストーリーを，現実のものとして結びつけました．

この解釈は，後に，村山正雄先生がＸ線照射実験を行い，得られたレントゲン写真 によって銘文をより鮮明に読むことができるようになったこと[22]や，栗原朋信博士により，東晋廃帝の元号である「太和（西暦三六六～三七一年）」が，本来「泰和」であったことが指摘されたこと[23]が裏付けとなり，多くの人に支持されている有力な学説となりました．

その結果，多くの人が，石上神宮の七支刀を，神功皇后の時代に日本に渡来した七支刀であると考えるようになりました．

このように，文化財はタイムマシーンがない現代では知り得ることができない歴史を教えてくれる語り部であるとともに，太古へ導

いてくれる先導者でもあるのです．

6. 文化財を調べる

　文化財をよく知るためには，どうしたらいいでしょうか？　それは，よく見て考えることです．見るということも，ただ手に取ってみるということだけではありません．

　見るための道具として，先ほどX線照射実験によって撮影されるレントゲン写真が用いられている例をお話ししました．これは，X線透過測定法といいます．X線を文化財に照射し，物質のX線の吸収の違いを利用し透過画像を得て，これらのイメージをモニター画面やフィルムやイメージングプレートなどに映し出す方法です．X線は，質量の重い元素（原子番号の大きいもの）ほどX線をよく吸収するので透過しにくくなるため，画像が黒く映る原理を利用しています．調査時に構造や空隙，素材の差異などを知ることが出来ますが，機材が高価である点が難点です．

　その他，蛍光X線分析法といって，X線を文化財に照射すると特性X線（蛍光X線）と呼ばれる元素特有のX線が発生する特性を利用した方法もあります．このX線を測定する方法では，姿形を見ることはできませんが，どの元素がそこに存在しているのかを知ることができます．

　また，紫外線や赤外線を照射して得られる画像を見る方法などもあります．赤外線観察法は，赤外線が可視光線より波長が長いため，ほこりや煤，漆，顔料による散乱吸収が少ないという原理を利用した手法です．ほこりや煤，顔料などによって消えてしまっている，もしくは見えにくい墨書や鉛筆による下描きデッサンなどに赤外線が反応し，これらを映し出すことで，経年劣化などにより判別しに

くくなっていた墨書もきれいに映し出すことができます．現在では，ビデオカメラのナイトモードや赤外線監視カメラなどで同様の効果を得ることができるため，多くの人がこの手法を利用しており，銘文の解明や物質の区別などの研究成果を上げています．

　紫外線観察法は，紫外線を文化財に照射して，物質の分子を励起させることで，物質が蛍光を発する性質を利用した手法です．この手法により，油脂分の有無や，依然修理に使われていた材料や後補部分（のちの時代に追加で修復された部分）を容易に判別することができます．蛍光の強さ（波長の強さ）は物質によって異なっているため，油は黄色もしくはオレンジ色に蛍光を発し，膠などのタンパク質は青白く光り，漆の場合は，まったく蛍光を発しないという特徴を持っています．

　最近では，CTスキャンを応用した観察方法や，超音波測定などによる観察方法も実施されています．

　目で観察する方法の中には，年輪年代測定法というちょっとかわった見方もあります．これは，木材が成長する際にできる年輪の幅を観察し，その年の天候等によってできる年輪の幅の変化を利用して，年代が明らかにわかっている基準となる年輪パターンと比較しながら，文化財に使われている木材の伐採された年代を特定するという手法です．

　このように，文化財を調べ，よく知るための技術や機械が，年々発達しています．それに伴い，歴史もどんどん明らかとなり，古(いにしえ)の人々との距離が近くなっていることは，とても楽しいことです．

7.　文化財と記録

　いままで簡単ではありますが，『日本書紀』や『古事記』を紐解

き，いろいろと文化財のことについて考えてきました．実際に残っている文化財やそれらに関係する記録が，いかに昔のことを知るために大切なものであったのかを身を持って実感することができたと思います．そこで，文化財を保存し，記録を付けることの重要性について，ここでもう少しだけ考えてみたいと思います．『日本書紀』や『古事記』は，口伝によって伝わったものや伝説をまとめたものです．これらの書物が書かれたきっかけは，乙巳の変でした．乙巳の変とは，後に「大化の改新」とよばれる天皇による中央集権化への政治改革のきっかけとなった中大兄皇子（天智天皇）が蘇我入鹿を暗殺する事件です．この事件の際に，蘇我蝦夷が自宅に火を放ち自害をしました．その時，残念ながら朝廷の歴史書を保管していた書庫が一緒に炎上してしまいました．大化より前の歴史を記した『天皇記』など多くの貴重書は灰と化し，国の歴史を記す書物の編纂が必要であると感じた天武天皇によって，編纂作業が開始されました．

　まずは，天武天皇の命令で稗田阿礼が誦習していた，天皇の系譜である『帝皇日継』と古い伝承である『先代旧辞』の記憶を元に，太安万侶が書き記し，古事記を編纂しました．その後，さらに焼損した歴史書や朝廷の書庫外の歴史書，口伝や伝承などの伝聞を元に，『日本書紀』が編纂されました．

　『日本書紀』の成立については，その経緯が『日本書紀』内に記されていないので不明確な部分があるのですが，その後に編纂された『続日本紀』養老四年五月癸酉条に，「先是一品舎人親王奉勅修日本紀 至是功成奏上 紀卅巻系圖一巻」と，品舎人親王が，天皇の命を受けて日本紀の編纂に当たっていたが，この度完成し，紀三〇巻と系図一巻を撰上したと記されていることから，完成した時期だけは，はっきりとわかっています．

七支刀や勾玉など，寶物に関する記述が「記紀」のいろいろな所に見受けられることを先に述べましたが，その他にも忘れてはいけない重要な寶物に関する記述について少しだけ触れたいと思います．それは，『日本書紀』欽明一三年にある，「冬十月 百濟聖明王 更名聖王 遺西部姫氏達率怒唎斯致契等 獻釋迦佛金銅像一軀 幡蓋若干 經論若干卷 別表」という記述です．欽明一三年（西暦五五二年）に百済の聖明王から金銅の釈迦像・経論・幢蓋などが欽明天皇へ届けられたという出来事がここに記されています．これにより，金銅の釈迦像・経論，幢蓋が百済から伝来したことがわかり，現代まで続く仏教文化がここから始まったということを知ることができます．

　上記の百済の聖明王から送られた金銅仏ですが，現在どこにあるのかはわかっていません．しかし，『元興寺伽藍縁起并流記資財帳』によれば，異なった年代（西暦五三八年）が記されているものの，その金銅仏が日本に伝来されたことが同様に記載されています．『元興寺伽藍縁起并流記資財帳』とは，奈良時代に書かれた寺院の建物や宝物に関する記載です．その内容は，仏像，絵画，仏典類（寸法，員数を含む），日常用具，所領，穀稲，奴婢などの財産をもらさず詳細に記入した財産目録です．この資材帳によって，我々は，この時代にどんな宝物が存在したのかを知ることができます．

8. 記録の実際

　ではここで資材帳を例に，文化財の保管管理について考えてみたいと思います．『元興寺伽藍縁起并流記資財帳』について先に触れました．しかし残念ながら元興寺は，明治時代の神仏分離の影響を受け，この時期にかなり多くの仏像や絵画，仏典などを失ってしまいます．一九世紀まで千年以上の長い歴史をかけて守られてきた文

化財は，いっぺんに離散もしくは毀損されてしまう運命にありました．そのため現在では，元興寺がどれだけの文化財を建立当時から長期にわたって守ってくることが出来ていたのかを検証することができない状況にあります．本来であれば，「記紀」に見える寶物を，『元興寺伽藍縁起并流記資財帳』に基づき検証したいところではありますが，なかなかそれが許されません．

そこで，同様に古い歴史を持つ『東大寺献納寶物帳』を例に，寶物を護ることについて考えてみたいと思います．

天平勝寶八歳六月廿一日（西暦七五六年六月廿一日）の銘を持つこの寶物帳には，奈良時代に聖武天皇の七七回忌の忌日に光明皇后が天皇の冥福を祈念し，五回にわたって御遺愛品をはじめとする六〇〇点を超える美術工芸品と薬物六〇種を東大寺の本尊盧舎那仏に奉献し，東大寺の正倉に収蔵されたことが記されています．五回の献納記録は，それぞれ五巻の台帳として正倉院に伝存されています．それらには個別に(1)国家珍寶帳，(2)種々薬帳，(3)屛風花氈帳，(4)大小王真跡帳，(5)藤原公真跡屛風帳という通称がつけられています[24]．

また，宝物を保存したという正倉というのが，人々によく知られている正倉院です．正倉には，大仏開眼会をはじめとする東大寺で行われた重要な法会などの儀式で用いた仏具や舞楽用衣装などの品々も収められました．さらに，平安時代の天暦四年（西暦九五〇年）に東大寺羂索院の倉庫から正倉に什器類が移され，光明皇后献納品とともに保存されるようになり，収蔵品の数が格段に増えたことがわかっています．これらのヒストリーが『東大寺献納寶物帳』に詳細に記録されているのです[25]．

宝物として第一番目に挙げられているのが盧舎那仏で，二番目に九條刺納樹皮色袈裟を始めとする九領の袈裟が記載されています．

そこには，袈裟が三つの漆皮箱に次に，縢繢袋に包まれて分納されていることも記されています．その他，いろいろな情報が漏れがないように注意深く書き込まれています．

　昔の人々は，この『東大寺献納寶物帳』を大切に扱っていました．そのため，ある時代に，巻物として仕立て，寶物である絵巻物同様に扱ってきました．先ほど，この寶物帳は財産目録であり，保管管理に使っていたとお話しました．しかし，実際には，何回も使うものでありますから，ここに書き込む訳にはいきません．そこで人々は考え，日常では「出蔵帳」という宝物庫からの出庫記録を別に作り，これを日常では活用するようにしていました．古い「出蔵帳」では，天平三年（西暦七五九年十二月廿六日）に聖武天皇と光明皇后の結納品箱や犀角箱（念珠が入った箱）が倉から出庫された記録文書と，陽宝剣と陰宝剣などの五本の太刀が持ち出された時の記録文書などをつないだ東大寺創建者の良弁の確認署名が入った巻物の「出蔵帳」(29cm×100.5cm，北倉) が伝来しています．このような記録は現在に至るまで残されており，そのおかげで，現在では，何がなくなってしまったのかということをつぶさに知ることができます．いうなれば，資材帳は文化財の保管記録票です．このように，これらの記録たちと共に整然とした宝物の保管管理が長年にわたって行われてきました．つまり，記録は，文化財を守る上での重要な役割を担ってきたといえるでしょう．

9. まとめ

　簡単ではありましたが，「記紀」を中心として古い時代の文化財について考えてみました．みなさんは，どのように感じ考えたでしょうか．各々の考え方，感じ方があると思います．しかし，文化財

とは，人にとって大切な寶物であるとともに，引き継ぎ，そして未来の人たちのために残すためのものであることを，感じてもらえるとうれしいです．

今まで築かれてきた文化は，自分たちが築き，そして未来の人たちが新しく築くために存在するのです．そんな気持ちを少しでも感じながら，ぜひとも博物館や古文書館，そして遺跡や寺社仏閣などのフィールドワークに出かけていってください．フィールドワークは，まず見て感じることから始まり，そして，そのフィールドワークで気づいたことを検証することが大切です．文化財や古文書などの記録は，検証するにあたって，よい指標となるものです．文化財や古文書から，数千年の時を超えて謎を解き明かす楽しみをぜひ味わってください．私は今，その楽しみを見出したばかりです．これからも，みなさんと一緒に楽しんでいきたいと思っています．

[注]
1) 坂本太郎，家永三郎，井上光貞，大野晋校注，1967，『日本書紀 上（日本古典文学大系 67）』岩波書店：147．
2) 坂本太郎，中村直勝，原田敏明，柴田実，西田長男監修，1977，『古事記（神道大系 古典編 1)』神道大系編纂会：125．
3) 坂本太郎，家永三郎，井上光貞，大野晋校注，1967，『日本書紀 上（日本古典文学大系 67）』岩波書店：147．
4) 坂本太郎，中村直勝，原田敏明，柴田実，西田長男監修，1977，『古事記（神道大系 古典編 1)』神道大系編纂会：220．
5) 坂本太郎，家永三郎，井上光貞，大野晋校注，1967，『日本書紀 上（日本古典文学大系 67）』岩波書店：93．
6) 坂本太郎，中村直勝，原田敏明，柴田実，西田長男監修，1977，『古事記（神道大系 古典編 1)』神道大系編纂会：77．
7) 坂本太郎，中村直勝，原田敏明，柴田実，西田長男監修，1977，『古事記（神道大系 古典編 1)』神道大系編纂会：78．

8) 坂本太郎,家永三郎,井上光貞,大野晋校注,1967,『日本書紀　上（日本古典文学大系 67)』岩波書店：89.
9) 坂本太郎,中村直勝,原田敏明,柴田実,西田長男監修,1977,『古事記（神道大系 古典編 1)』神道大系編纂会：220.
10) 坂本太郎,家永三郎,井上光貞,大野晋校注,1967,『日本書紀　上（日本古典文学大系 67)』岩波書店：359.
11) 坂本太郎,家永三郎,井上光貞,大野晋校注,1967,『日本書紀　上（日本古典文学大系 67)』岩波書店：353.
12) 中井正幸,2000,「山階製鉄考――『日本書紀』天智九年「是歳造水碓而冶鉄」に関する一試考」たたら研究会編『製鉄史論文集 たたら研究会創立四〇周年記念』たたら研究会.
13) 李衆,1986,「関于藁城商大銅鉞鉄刃的分析」『中国冶金史論文集』北京鋼鉄学院.
14) http://www.asahi.com/culture/news_culture/TKY200804190201.html, 2008 年 4 月 20 日,『朝日新聞』文化一般記事,「紀元前 22 世紀,世界最古の鋼　トルコの遺跡から出土」でも,中近東文化センターの調査結果として,赤沼英男氏の発表が公表されている.
15) http://publications.nichibun.ac.jp/region/d/NSH/series/niso/2008-12-26/s001/s019/pdf/article.pdf
16) 坂本太郎,家永三郎,井上光貞,大野晋校注,1967,『日本書紀　上（日本古典文学大系 67)』岩波書店：90-91.
17) 坂本太郎,中村直勝,原田敏明,柴田実,西田長男監修,1977,『古事記（神道大系 古典編 1)』神道大系編纂会：64.
18) 五穀豊穣の神として知られる豊宇気毘売神を指す.
19) 坂本太郎,家永三郎,井上光貞,大野晋校注,1967,『日本書紀　上（日本古典文学大系 67)』岩波書店：89.
20) 坂本太郎,家永三郎,井上光貞,大野晋校注,1967,『日本書紀　上（日本古典文学大系 67)』岩波書店：152.
21) 福山敏男,1951,「石上神宮の七支刀」『美術研究』第 158 号：106.
22) 村山正雄,1996,『石上神宮七支刀銘文図録』吉川弘文館.
23) 栗原朋信,1971,「七支刀銘文についての一解釈」上田正昭編『論集 日本文化の起源 第二巻 日本史』平凡社.
24) 関根真隆,1979,「献物帳の諸問題」『正倉院紀要』第 1 号：20-38.

25) 松嶋順正,1980,「銘識より見た正倉院宝物」『正倉院紀要』第2号:30-41.

Fieldwork
訪ねてほしいフィールド

パリ・フランス

　パリは，私の大好きな町の一つです．フランスは，フランス革命後，共和制による政治体制をとってきました．Liberté, Égalité, Fraternité のスローガンを掲げ，誰もが自由に，そして平等で，博愛に満ちて生きられるようにそれぞれが必死に生きています．パリはメトロポリタンな町で，沢山の人種が集まってきます．少しの間，夢を追ってパリに来ている人もたくさんいます．そんな，「その時」，「その場所」で刹那的に集まった集団の中，自分の居場所を探すことはとても大変です．一人さびしく道を歩く日もあり，公園のベンチでぼんやり楽しそうな人々を目で追い，おもしろくもないのにただただ芝生と花壇を眺めてすごす．そんな日もあります．時は流れ，人も変わり，移りゆく季節の中で変わらないもの，それがパリの

街角です．パリのかけらは，そこらじゅうに落ちています．パリには，パリに行かなきゃわからない，あの他人行儀な冷たい雰囲気が，わたしたちエトランジェの心に響きます．パリでは，エトランジェであることが必須要件であり，そこから新しい出会いが始まります．パリにいるパリジャンなんて，本当のパリジャンじゃない．パリジャンは，パリの外から来るから価値がある．この意味がわかるようにならないと，パリの楽しみは見つけられないままかもしれません．

・・・・・・・・・・・・・・・・・・・・・・

タンジェ・モロッコ

　タンジェは，私の故郷です．アラビアのロレンスの服を作ったグランムッシュー・アルビは，今日も煙草をくゆらせ，咳き込んでいることでしょう．国際管理地域の歴史を持つタンジェは，誰もがあこがれる混沌の町です．タンジェの魅力は，ちょっととっぽいところです．カスバの要塞の門

をくぐると眼下に広がる蒼い空と海のジブラルタル海峡の向こうには，ヨーロッパ大陸が広がります．カスバのもっとも高いところに創られた王宮には，昔，アラブの王様たちが美女をはべらせ住んでいました．壁一面に装飾されたアラベスクの美しさは，心を清らかにします．ところどころに隠されたアラビア文字の中に，愛のささやき，自然への崇敬，そして，人々に対する尊敬など，たくさんのメッセージを見つける時，こんな身近な生活の中に文学が根付いている高度な文化を目の当たりにします．

　乾いた風景のどことなく固い王宮の庭には，この門をイブンバツータが通ったというサインがでています．タンジェの英雄，イブンバツータは，マリーン朝の時代，1304年にタンジェに生まれた法学者です．彼は21歳にして，メッカ巡礼の旅に出かけ，アルジェ，チュニス，トリポリと地中海を楽しみ，そのついでに，聖地エルサレムにベツレヘム．そしてそのままバグダッド，イラク，ペルシアを楽しんで，アラビア半島，ソマリア，スワヒリ海岸まで見聞して帰ってきました．その後，彼は，アナトリア半島，黒海，キプチャク・ハン国，中央アジア，インド，スマトラ，ジャワと続いて中国も楽しみました．面白おかしく冒険を続けたバツータは，旅先のインドでは，トゥグルグ朝の法官として封土（5ヶ村）が与えられ，モルディブの高官として奉職していたそうです．なんと知的で素敵な人なのでしょう．憧れのタンジェロワ．ストゥッコの先に，Mon Grand Conseillerが待っています．さあ早く会いに行きましょう．

Book Guide

もうすぐ絶滅するという紙の書物について

N'espérez pas vous débarrasser des livres

**ウンベルト・エーコ（Umberto Eco）
ジャン＝クロード・カリエール
（Jean-Claude Carrière）著**
阪急コミュニケーションズ，2010

　人々が尊敬してやまない83歳のウンベルト・エーコ 先生（Eco）は，記号論の権威．イタリア人ではありますが，彼のセンスはワールドワイドで，超官能的で理論的．ロマーニの生き残りではないかと訝しがってしまうほど時空を軽々と超えてしまいます．

　一方，麗しのジャン＝クロード・カリエール（JC）は，南仏のローマ時代に栄えたガリア人の町，エロー生まれ．そんな街で生まれ育ったJCが，智の巨人と対等に話し合うのだから，ローマの地には哲学が根付いているのだと思い知らされます．本の中で御大は，「情報を持ち歩くのにこれほど効率のいい手段が考案されたのは，私の知る限り，はじめてです．何ギガものメモリを搭載したコンピューターでさえ電源を必要とします．紙の本にはその種の問題がありません．もう一度言いますが，書物は車輪と同じような発明です．発明された時点で，進化しきってしまっているんです．」と述べています．そんな中，JCが「フィルタリングなしで，ありとあらゆる情報が入手可能になり，端末を使えばなんでもいくらでも知ることができるようになった現在，記憶とはいったいなんでしょうか．

記憶という言葉は何を意味するのでしょう．電子召使いみたいなのがそばにいて，言葉で発した質問や，言葉にならない疑問に答えてくれるようになったら，私たちが知るべきことはなんでしょうか．義肢的な存在が何でも知っているとしたら，それでも我々が習得しなければならないこととは何でしょうか．」と疑問をぶつけると，Eco は，「考えをまとめて結論を導く技術ですよ．」と答えます．さらに，「知識（savoir）」と「認識（Connaissance）」の違いを述べ，「知識とは我々が，何の役に立つのかわからないまま，ためこみ持てあましているものです．認識とは，知識を人生経験に変えてしまうものです．ことによると我々は，更新され続けるこの知識というものに関しては，機械に任せておいて，認識の方に集中することができるのかもしれません．……――事実，我々に残されたものは――なんとも肩の荷が軽くなる話ですが――知性だけなんです．」とたたみかけます．

そんな対話も，レヴィ＝ストロースの『神話論理』の一文を持ち出し，「『つまり何もないのである．』『何もない』というのが最後の一語です．我々が最後に残すであろう一語はそれなのです．」と締めくくり，御大の格の高さをまざまざと見せつけます．この明快で複雑な理論に構築された智の迷路を，みなさんも大いに楽しんでみてください．

著者紹介(執筆順　＊は編集委員)

＊清野　隆(せいの　たかし)
- 現　　在　江戸川大学社会学部講師
- 専　　攻　社会工学,コミュニティ・デザイン
- 講義科目　都市デザイン論,歴史景観の保全,近代化遺産論,緑地と造園
- 主要業績　「帰村から復興へ──農的な暮らし・それを支えるしくみ」(『山あいの小さなむらの未来　山古志を生きる人々』,東洋大学福祉社会開発研究センター編,博進堂,2013)
「イタリア共和国における歴史的景観の保全の現代的課題──ウルビーノ歴史的地区における Data 修復再生をめぐる論争を事例に」(『都市計画論文集』48-3,2013)ほか

＊吉永明弘(よしなが　あきひろ)
- 現　　在　江戸川大学社会学部講師
- 専　　攻　環境倫理学,公共哲学
- 講義科目　環境と倫理,環境と教育,都市アメニティ論,NPO・ナショナルトラスト論
- 主要業績　『都市の環境倫理──持続可能性,都市における自然,アメニティ』(勁草書房,2014)
「『環境倫理学』から『環境保全の公共哲学』へ──アンドリュー・ライトの諸論を導きの糸に」『公共研究』5巻2号(千葉大学,2008)ほか

斗鬼正一(とき　まさかず)
- 現　　在　江戸川大学社会学部教授
- 専　　攻　文化人類学
- 講義科目　文化人類学,多文化理解,フィールドワーク論,異文化コミュニケーション
- 主要業績　『頭が良くなる文化人類学「人・社会・自分」──人類最大の謎を探検する』(光文社,2014)
『こっそり教える世界の非常識184』(講談社,2007)
『目からウロコの文化人類学入門──人間探検ガイドブック』(ミネルヴァ書房,2003)ほか

＊阿南　透（あなみ　とおる）
　現　　在　江戸川大学社会学部教授
　専　　攻　民俗学・文化人類学
　講義科目　民俗学，観光人類学，イベントの人類学，社会調査演習
　主要業績　「『東北三大祭』の成立と観光化」（『観光研究』22-2, 2011）
　　　　　　「運動会のなかの民俗――釧路市民大運動会の事例から」（『日本民俗学』249, 2007）
　　　　　　「青森ねぶたの現代的変容」（『国立歴史民俗博物館研究報告』103, 2003）ほか

鈴木輝隆（すずき　てるたか）
　現　　在　江戸川大学社会学部教授
　専　　攻　観光計画論，地域経営論
　講義科目　観光まちづくり論，地域経営論，ローカルデザイン
　主要業績　『みつばち鈴木先生――ローカルデザインと人のつながり』（共著，羽鳥書店，2014）
　　　　　　『ろーかるでざいんのおと（田舎意匠帳）』（全国林業改良普及会，2005）
　　　　　　『観光振興実務講座』（共著，日本観光協会，1997）ほか

土屋　薫（つちや　かおる）
　現　　在　江戸川大学社会学部教授
　専　　攻　レジャー社会学，レジャー産業論
　講義科目　レジャー・カウンセリング，観光地理学
　主要業績　「ポスト消費社会における幸福のありか――幸福のナビゲーターとしての『文化的』インタープリテーション」『〔気づき〕の現代社会学』（共著，梓出版社，2012）
　　　　　　「『われを忘れる』お手伝い」『19歳のライフデザイン』（共著，春風社，2007）
　　　　　　「レジャー産業と情報文化」『情報文化と生活世界』（共著，福村出版，1998）ほか

大内田鶴子（おおうち　たづこ）
　現　　在　江戸川大学社会学部教授
　専　　攻　都市社会学，コミュニティ論，近隣組織の日米比較研究
　講義科目　コミュニティ論，地域活性化論，市役所と住民，地域福祉論
　主要業績　『神田神保町とヘイ・オン・ワイ』（共著，東信堂，2008）
　　　　　　『コミュニティ・ガバナンス』（ぎょうせい，2006）
　　　　　　『大学と地域社会――地域大学のパートナーシップ論』（共著，関東都市学会編，2006）ほか

親泊素子（おやどまり　もとこ）
現　　在　江戸川大学社会学部教授
専　　攻　環境政治学
講義科目　国立公園論，自然遺産論，環境の政治学，インタープリテーションⅡ上級，海外専門研修
主要業績　「国立公園の成立と国家」(『ランドスケープ研究』VoL.78 No.3, 2014)
　　　　　「戦後の経済復興と国立公園のあゆみ(『ランドスケープ研究』VoL.76 No.2, 2012)
　　　　　「世界の国立公園の成立経緯について」(森林科学 No.53, 2008)

伊藤　勝（いとう　まさる）
現　　在　江戸川大学社会学部特任教授
専　　攻　政策科学，アセスメント（環境，産業災害）
講義科目　環境概論，流山環境まちづくり，くらしの環境学，環境コミュニケーション
主要業績　Estimation and Evaluation on Household's Electricity Consumption (IAIA12, Porto, Portugal, 2012)
　　　　　『あなたはうちに帰れるか』科学朝日，第48巻第9号（朝日新聞社，1988）
　　　　　環境賞『生きもの指標を用いた総合的環境診断とその土地利用計画・環境事前調査への応用』（共同受賞，日本工業新聞社，1975）ほか

＊関根理恵（せきね　よしえ）
現　　在　江戸川大学社会学部講師
専　　攻　文化財保存学，世界遺産学，国際政策
講義科目　文化遺産論，世界遺産論，文化財概論，博物館資料保存論
主要業績　「船津神社所蔵・太鼓樽の保存学的研究」,『東京藝術大学紀要』第51号，関根理恵・辻賢三（東京藝術大学，2013）
　　　　　"Le Politique du Patrimoine Culturel en Cas de Conflit Arme -Problemes, mesureset taches d'avenir", *Regards croises -Politique, Medecine, Religion, Cahier Multiculturel de la Maison du Japon* No VI,（Maison du Japon, 2013）
　　　　　"A Historical Study on UNESCO International System for the Protection and Enhancement of Cultural Heritage of Mankind",『学習院女子大学紀要』第11号，Yoshie SEKINE, Hideo NOGUCHI,（学習院女子大学，2009）ほか

〔気づき〕の現代社会学Ⅱ——フィールドワークで世界を知る
2015年3月31日　第1刷発行　　　　　　　　　　〈検印省略〉

編著者Ⓒ　江戸川大学現代社会学科
発行者　本　谷　高　哲
制　作　シナノ書籍印刷
　　　　東京都豊島区池袋4-32-8
発行所　梓　　出　　版　　社
　　　　千葉県松戸市新松戸7-65
　　　　電話・FAX　047(344)8118

乱丁・落丁本はお取り替えいたします。
ISBN　978-4-87262-235-5　C1036

既刊案内

江戸川大学現代社会学科 編　定価（本体一六〇〇円＋税）

〔気づき〕の現代社会学Ⅰ
フィールドは好奇心の協奏曲

豊かな社会とは何か？　幸せな暮らしとは何か？　生物・文化の多様性とは？　サステイナブルツーリズムって？　若者たちの豊かな感性と好奇心を呼び起こす現代社会のフィールドへ誘う。

答えが見つかりにくい現代の諸問題について、社会学をはじめ、文化人類学、博物館学、環境学、観光学、公共哲学、教育学といった視点からの問題解決を目指す。

第1章　鬼先生の文化人類学ノススメ
第2章　行燈の祭りの民俗学
第3章　博物館学芸員の活動と地域
第4章　ポスト消費社会における幸福のありか
第5章　余暇の現代史序説
第6章　国土計画とローカルデザイン
第7章　近隣組織論入門
第8章　足もとからの環境倫理学
第9章　ライフスタイルと熱環境
第10章　ナチュラル・シフト
第11章　現代社会における国立公園の役割
第12章　社会の中の教育